인문잡지 한편
4

동물

KB099759

"동물이 우리를 쳐다보고 있고,
우리는 그 앞에 벌거벗고 있다.
사유는 아마 여기에서
시작될 것이다."

데리다,
『동물인 고로 나는 존재한다』

인문잡지 한편
2021년 1월
4호

동물

동물을
안다는 것에 대하여

그림책 『환상동물특급』 속 이야기다. 어느 날 석가모니가 숲길을 가다가 토끼와 마주쳤다. 석가모니는 어떻게 살아가야 하는지 설법하는 긴 여행을 마친 참이었다. 지치고 발은 흙투성이인 석가모니를 보고 토끼가 소리쳤다.

"세상에, 안타까워라! 어르신, 몸은 괜찮으세요?"

"제법 힘들고 허기지는구나."

"배가 고프세요? 그러면 불을 피우세요. 제가 먹을거리를 구해 오겠습니다."

석가모니가 불을 붙이자 토끼는 그 속으로 뛰어들었다. 석가모니는 재빨리 토끼를 구해 내서, 달에 올려놓았다. 가난하고 배고픈 이를 돕기 위해 그가 한 일을 기리고자.

불 속으로 뛰어든 토끼를 본 석가모니의 마음은 어땠을까? 프로오르터 즈비흐트만은 석가모니가 토끼를 '구해 냈다'고 썼지만 뤼드비흐 폴베다는 불타는 토끼를 그리고 있다. 토끼는 어떻게 자기 자신을 공양할 생각을 했을까? 아시아 신화 속 토끼라서 어른을 공경한 걸까? 부처를 도운 동물은 또한 부처이지 않은가? 달에 올려놓은 토끼는 역시 죽은 것 아닌가? 환상동물인 달토끼 이야기는 몸에 불이 붙은 진짜 토끼를 떠올리게 한다.

동물들의 세계, 인간의 세계

3호 '환상'에서 환상문학 속 여러 동물을 만났던《한편》은 4호 '동물'에서 실제 동물에 집중한다. 주요 등장동물은 고양이, 소, 호랑이, 새, 개, 굴, 퓨마 등 정답고 단순한 발음처럼 한국인에게 친숙한 동물이거나 멀리 있는 외국의 동물이다.

가족이거나 가축, 친구이거나 도구, 식량, 짐승, 비인간, 타자, 너 또는 나인 동물은 사랑스럽거나 귀찮고, 안타깝거나 위험하다. 개와 고양이가 다르고 퓨마와 굴이 다르듯이 동물들은 모두 다르다. 고양이와 호랑이는 고양잇과 동물로 상자에 들어가기를 좋아한다는 공통점이 있지만, 반려동물과 호환(虎患)은 차이가 크다. 생물학자 야콥 폰 윅스퀼이『동물들의 세계와 인간의 세계』에서 말하듯 동물들은 "자기의 고유한 세계를 갖는 하나의 주체"다. 따라서 각자의 세계를 가진 모두 다른 동물들을 싸잡아서 동물이라는 개념을 말한다면, 문제는 인간의 세계다.

최근 동물과 인간의 관계가 활발히 논의되고 있다. 2020년 5월 출간된《문학3》11호 기획은 '동물의 자리에서 인간중심주의 다시 보기'였고, 9월 출간된《에피》13호의 주제는 '식품의 과학'이었다. 동물의 고통과 인간의 월권을 대비한《문학3》, 식량으로서의 동물에 과학기술학으로 접근한《에피》에 이어서 인문잡지 《한편》은 동물에 대한 사유의 스펙트럼을 확장하려고 했다. "우리의 마음에 인간애를 갖게 하는 것은 우리 모두가 공유하는 바로 그 비참함이다."(장자크 루소)라는 인간학과 "인간도 동물이다. 우리는 동물을 위한 사회적, 정치적 변화를 한 세대 안에 이룰 것이다."(직접행동DxE)라는 동물권 선언 사이에서 수의학, 환경학, 인류학, 철학, 경제학, 여성학, 한문학, 재료학, 조류학, 사회학의 열 편을 엮었다.

동물 사유가 곧 인간의 역사다

동물론의 유행을 거슬러 올라가면 언제나 피터 싱어의 『동물 해방』이 나오고, 그 철학적 기원으로 제러미 벤담이 언급되곤 한다. 동물은 인간과 마찬가지로 고통을 느낄 수 있는 능력이 있다는 벤담의 주장은 현재 동물 처우 개선을 촉구하는 논의에서 근본 전제다.

수의사이자 동물복지 연구자인 최태규의 「동물원에서의 죽음」은 동물원에서 너무 많은 동물이 죽는다고 알린다. 살아 있는 건 언젠가 죽는다는 당연한 얘기가 아니라 실제 동물원 동물이 어떻게 살다가 죽는지, 누가 죽게 하는지를 지켜본 기록이다. 이 글을 시작으로 독자는 바다동물에서 반려동물을 거쳐 축산동물과 '여성동물', 조선의 호랑이와 뉴기니의 새에서 한국의 유기동물에 이르기까지 동물의 죽음과 삶에 다가가게 된다.

동물 오른쪽에 인간을 놓는다면, 그 왼쪽에는 사물이 오기 마련이다. 사물-동물-인간은 오랫동안 인간이 세계를 인식해 온 기본 도식이다. 여기에서 동물-인간 사이의 선을 해체하는 글이 김은주, 「고양이 앞에 선 철학자」이며, 사물-동물 사이 선을 들어 올리는 글이 김지혜, 「플라스틱바다라는 자연」이다. 창세기로부터 프랑스 현대 철학까지 서양의 사유는 인간을 정립하기 위해 동물을 타자로 삼았다. 자크 데리다는 벌거벗은 자신을 바라보는 반려묘 앞에서 인간과 동물의 경계를 문제 삼는데, 이러한 해체는 실천을 미루는 '마비제'가 아니라 쉽게 맹목에 빠지는 행위자를 깨우기 위한 '각성제'라는 것이 김은주의 논평이다. 도나 해러웨이를 참조하는 김지혜는 비인간도 행위자라는 21세기 사상의 최전선을 동아시아의 해양쓰레기에 적용한다. 바다동물인 굴의 삶과 '플라스틱의 삶'을 이야기하는 이 글은 헤엄치듯 한 편의 산문으로 읽을 수도 있고, 각주와 함께 찬찬히 뜯어볼 수도 있다.

서양 사상사의 맞은편에서 한문학자 심경호는 「옛사람의 호랑이 생각」으로 한국 지성사의 동물 사유를 간추렸다. 단군 신화에서 「호질」에 이르기까지 호랑이는 어떻게 그려졌는가? 한국인에게 친숙한 옛이야기 속 좋은 호랑이, 나쁜 호랑이 그리고 진짜 호랑이의 흔적을 더듬으면서 '생물을 사랑하되, 절도 있게 사용하라'는 실용적인 지침을 전수하는 글이다.

동물로 보는 인간의 문제

동물 사유가 곧 동물과 인간의 관계 이야기라면, 동물-인간 관계를 제대로 파악하기 위해서는 인간-인간 관계를 이야기해야 한다. "인간과 자연의 관계는 특정한 인간과 인간의 관계를 통해서만 가능하다."(가라타니 고진) 동물을 통해 선명하게 드러나는 인간의 문제가 철학과 정치경제학을 연결시킨다.

반려동물 1000만 시대, 문화인류학자 전의령은 「"나만 없어, 반려동물"」에서 폭발적으로 성장한 반려동물 시장을 들여다본다. 반려동물을 향한 욕망은 어떻게 집사를 포위하는 정치경제적 구조를 지탱하는가? '나만 없어, 고양이'라는 유행어를 퍼뜨린 소셜 미디어가 욕망을 매개한다면, 새로운 기술의 근간을 이루는 생산과 재생산 문제를 이해하기 위해서는 역사를 돌아봐야 한다. 농업경제학자 윤병선은 「그 소는 뭘 먹고 자랐을까?」에서 1960~1980년대 한국에 공장식 축산을 확산시킨 세계 식량 시스템을 분석한다. 340만 두(2018년 기준)에 달하는 한육우는 짚과 풀로 만든 여물이 아니라 수입에 의존하는 사료곡물을 먹고 자란다. 지난여름 장마에 지붕 위로 피신한 소가 끝내 도축된 이유가 이 수입산 사료곡물과 연결된다. 법여성학 연구자 전윤정의 「낙태는 여성의 권리다」는 자본주의 초기 국가의 인구 정책에 따라 재생산의 짐을 지게 된 동물로서의 여성을 본다. 1792년, 벤담과 같은 논리로 여성 해방을 주창한 메리 울스턴크래프트는 '여성이 남성과 평등하다면 동물도 인간과 평등하냐'는 조롱을 맞닥뜨렸다. 소 뒷걸음질 치다 쥐 잡은 격의 질문인데, 대답은 물론 '그렇다'이다. 낙태죄 소멸을 앞둔 지금 한국 여성은 임신, 출산, 육아를 포함한 재생산 권리의 주체이며, 주체여야 한다.

동물 알기와 동물 사랑하기

조선 후기 문장가 유한준은 그림 수집에 미친 친구 김광국에게 "알면 참으로 사랑하게 되고, 사랑하면 참으로 보게 된다."라고 글을 써 주었다. 동물을 아는 것과 사랑하는 것 그리고 보는 것

또한 얽혀 있으니, 화가 이상훈과 생태학자 정진우는 나란히 새를 좋아하는 마음을 꺼내 놓는다. 「어깨걸이극락조 그리는 법」은 회화 작가이자 재료학 연구자 이상훈이 구애할 때 경이로운 모습으로 변신하는 수컷 어깨걸이극락조를 캔버스에 옮기려 시도하는 모험담이다. 탐조에 미친 학생이 멸종위기종 연구자가 된 정진우의 이력은 사랑과 앎이 포개진 길이다. 「새들이 살 수 있는 곳」에서 이동성이 큰 동물인 새의 서식지와 인간이 꼭 쥐고 놓지 않으려는 부동산 또한 같은 공간에 포개진다.

동물을 알기 위해서 가장 경계해야 할 점은 '이미 다 알고 있다'는 태도일 것이다. 석기 시대로부터 지금까지, 자본주의 체제와 기후 변화에 걸쳐 있는 동물 사유의 규모는 개인을 압도하며 종종 냉소와 마비에 빠지게 한다. 30년 가까이 격월간지 《녹색평론》을 만들었던 김종철 전 발행인은 『사피엔스』의 유발 하라리에 대해 "일반적으로 도시의 지식인들은 자신들이 세상 돌아가는 이치를 다 아는 것처럼 냉소적인 태도를 취하면서 어떤 쾌감을 느끼는 것 같은데, 그건 아주 부도덕한 태도"라고 비판한 바 있다.(《피렌체의 식탁》인터뷰) 그러한 냉소와 반대되는 솔직함을 독자는 고래수염에 엉긴 플라스틱 조각 앞에서 해석을 멈추고, 벌거벗은 채 사유의 긴장을 견디고, 동물원에서의 비참한 죽음에 분노하고, 작은 새의 아름다움에 놀라는 본문 전체에서 만날 수 있다. 마지막 글 「이름 없는 동물의 보호소」에서 지방자치단체 유기동물 보호소 업무를 맡고 있는 이소영은 실제 보호소들의 상황을 전한다. 이곳은 새로운 가족을 찾는 기회의 공간도, 차가운 길보다는 나은 곳도 아니다. 1년간 버려지는 동물이 13만

5000여 마리(2019년 기준)에 육박하는 가운데 보호소 속 '고통사'에 무감한 사회는 첫 번째 글에서 지적된 '안락사 꺼리는 사회'와 겹쳐진다. 동물을 각자의 이름으로 부르자는 제안과, 그것을 불가능하게 하는 시스템에 관한 고백까지도.

코로나바이러스감염증-19의 대유행으로 힘든 겨울을 나고 있는 가운데 2021년 새해가 왔다. 일찍이 겪어 본 적 없는 인수공통감염병의 출현을 예견한 과학 작가 데이비드 콤멘은 그 배후가 '우리'라고 한다. "우리는 어쩌다 이런 병들을 끌어낸 것일까? 또 다른 무시무시한 전 세계적 유행병을 겪기 전에 이런 경향을 바꾸거나 최소화할 수 있을까? 이 행성에서 함께 살아가는 다른 모든 감염된 동물종에게 무서운 해악을 끼치지 않고 그렇게 할 수 있을까?"(『인수공통 모든 전염병의 열쇠』) 한편 동물운동가이자 장애운동가인 수나우라 테일러는 이렇게 말한다. "나는 내 형상 속에서 동물을 느낀다. 이 느낌은 교감의 일종이지 수치심이 아니다."(『짐을 끄는 짐승들』) 동물에 대한 책임과 내 안의 동물성 사이에서, 독자 여러분이 소의 해를 순한 마음으로 살아가는 데 《한편》이 함께할 수 있다면 좋겠다.

신새벽(편집자)

일러두기

[1] 저자의 주는 각주로 표시했고 참고 문헌은 권말에 모았다. 외래어 표기는 국립국어원의 외래어 표기법을 따랐으며 일부 관례로 굳어진 것은 예외로 두었다.

[2] 단행본은 『 』로, 논문, 신문기사, 예술작품 등 개별 작품은 「 」로, 신문과 잡지 등 연속간행물은 《 》로 표시했다.

동물원에서의 죽음

최태규

최태규 수의과대학을 다닐 때 외과, 내과 같은 진료과목보다 행동학이나 과외로 배웠던 동물복지에 더 관심이 많았다. 고통스러워하는 동물을 기분 좋게 해 주고 싶은데, 수의학은 때로 동물에게 고통의 시간을 연장시키는 용도로 사용되어 왔다는 것을 배웠다.

돈을 벌기 위해 동물병원을 10년만 하려고 했지만 결국 6년 만에 그만두고 동물복지 공부를 하러 영국을 다녀왔다. 계획한 바 없이 웅담채취용 사육곰 산업 종식을 위한 '곰 보금자리 프로젝트'를 시작했다가, 곰 생츄어리를 만들기 위해 청주동물원에서 일했다.

[주요어] #퓨마 #동물원동물 #동물복지
[분류] 수의학 > 동물복지학

"어느 정도의 삶의 질이 주어져야
갇혀 있어도 살 만한 삶일까?
나는 동물의 죽음에 안도한다.
약물로, 수술로 낫게 하려 애쓰다가도
죽어 버리고 난 사체 앞에 서면
이제 됐다는 마음이 든다.
죽음은 두려움에 떨고 좁은 철창 안에서
서성여야 하는 매일이 끝났다는 뜻이다."

2018년 초가을 '동물원'이라는 낱말을 언론에 오르내리게 한 퓨마가 있었다. 대전오월드에서 탈출했다가 사살당한 뽀롱이였다. 뽀롱이는 열려 있는 문으로 걸어 나왔다. 아메리카대륙에 조상을 둔 퓨마 뽀롱이는 사육사가 깜빡 잠그지 않은 문 밖으로 발을 내딛었다가 총을 맞고 죽었다.

　현생 인류가 동물과 맺은 관계는 대부분의 기간 동안 먹고 먹히는 생태계 안에서 대등하게 이루어졌다. 1만 년 전, 농경사회의 시작으로 인간-동물관계는 일방적 종속의 관계로 바뀌었다. 세계 2차대전 후 모든 산업이 전문화, 집단화되면서 인간 대다수는 동물을 착취는 하되, 착취의 현장에 직접 참여하지는 않을 수 있게 되었다. 이제 대다수 인류는 동물을 다루고 죽이고 음식으로 먹기 위해 피를 보며 사체를 장만하는 일에서 완전히 동떨어져 산다. 살아 있는 동물만 귀여운 이미지로 '존재해도 되는 것'이 되었다.

그러나 여전히 동물은 죽는다. 동물원에서 탈출했다가 죽어서 언론에 나는 일보다 철창 안에서 아무도 모르게 죽는 일이 훨씬 많다. 동물이 조용하게 죽을 때 동물원은 편안하다. 동물원뿐 아니라 농장이든 실험동물실이든 살아 있는 동물을 모아 기르는 곳에서는 끊임없이 동물이 죽어 나간다. 죽어야 밖으로 나간다.

동물의 고통을 고려하는 동물복지학

낯설게 찾아오는 동물의 죽음 하나하나는 현대인들에게 견디기 힘든 사건으로 다가온다. 집에서 기르는 동물은 물론이고 차에 치어 죽는 길고양이, 가축인 소, 돼지, 닭, 심지어 야생동물까지 관심사에 들어가기 시작했다. 죽지 않는 동물은 없지만 죽음은 불편하다. 인간이 동물을 해하거나 죽이면 안 된다고 주장하는 동

최태규

물권리론을 톰 리건이 정리해서 책으로 낸 것이 불과 1983년이고,[1] 한국 사회에서 동물권이라는 말이 회자된 것은 2016년을 기점으로 볼 수 있다.[2] 인간과 동물 관계의 수만 년 역사에 비춰 보면 동물의 죽음에 대한 현대인의 거리 두기는 낯선 사건이다. 죽음의 불가피성, 비가역성, 비기능성, 인과성이 주는 두려움은 한 번도 변한 적이 없다. 다만 '죽어도 되는 사람'이 존재하던 시대가 끝나고, 이제는 동물에 대해서도 감정적인 거부감이 들기 시작하는 것 같다.

모두가 합의한 동물복지의 정의는 아직 없다. 동물과 인간이 맺는 관계나 동물이 사회적으로 갖는 맥락에 따라 서로 다른 해석이 가능하기 때문이다. 동물을 왜 도덕적 주체로 보아야 하는지를 두고 18세기 제러미 벤담과 같은 철학자 들이 윤리학적으로 설명하려고 애썼다면, 현대적 의미의 동물복지는 동물의 통증

[1] Tom Regan, *The Case for Animal Rights*(University of California Press, 1983).
[2] 국내 뉴스 분석 서비스인 빅카인즈(bigkinds.or.kr)에서 '동물권'을 키워드로 검색했을 때 2016년까지는 한 해 사용 횟수가 100여 건에 불과했으나, 그후 빠른 속도로 증가하여 2019년에는 1555건에 달했다.

과 고통, 의식과 인지를 밝혀내면서 비로소 통용되기 시작했다. 동물복지학자 도널드 브룸이 "동물복지는 특정 시간 동안 잠재적으로 측정할 수 있는 동물의 삶의 질을 설명하는 용어"[3]라고 설명했듯, 많은 부분이 과학적 증거에 기반을 두고 동물이 어떻게 느끼는지를 증명하는 데 집중한다. 신체적 지표와 함께 다분히 주관적일 수 있는 동물의 감정까지 지표화하고, 동물에 대한 처우의 기준을 사회 규범으로 만드는 것까지가 동물복지학의 역할이자 목표다.

동물에 대한 인간의 행위를 판단하는 기준으로 동물의 '고통'을 주요하게 고려하는 주류 동물복지학에서는, 동물이 살아서 고통 받을 수 밖에 없는 상황이라면 안락사는 시키는 것이 인도적이라고 판단한다. 동물복지는 동물이 살아 있는 동안 겪는 좋은 경험과 좋지 않은 경험의 축적이고, 동물의 삶이란 고통으로만 가득 찰 때 살 만한 삶, 존엄한 삶이 아니라는 것을 인간이 판단할 책임이 있다는 관점이다.[4] 동물원에서 최선

---

[3] Donald M. Broom, A history of animal welfare science., *Acta Biotheoretica* 59(2011), pp. 121~137.

[4] 동물복지학 개론서로 다음 도서를 참고할 수 있다. Michael Ap-

은 '잉여동물'(너무 많이 번식하거나 전시용으로는 더 이상 가치가 없어 매각 대상이 된 동물)이 생기지 않도록 번식 제한을 하는 것이고, 차선은 어쩔 수 없이 태어난 동물들을 안락사하는 것이다.

　유럽동물원수족관협회(이하 EAZA)와 미국동물원수족관협회(이하 AZA)는 적절한 기관에서 동물을 보호할 수 없을 때 안락사를 하도록 규정하고 있다.[5] 그러나 한국의 동물원 중 이러한 책임감으로 안락사 규정을 두고 있는 곳은 거의 없다. 동물복지를 고려한 안락사 논의는 한국 사회에서 척박하고 편협하다. 한 동물보호단체에서 안락사를 하지 않는다고 홍보했지만 안락사를 한 사실이 들통난 적 있다. 안락사를 하지 않는다고 홍보해야 하는 상황과 안락사를 숨겨야 하는 상황 모두 우리 사회가 동물복지에 대해 얼마나 무지한지를 말해 준다. 고통 받는 동물이 많으면 안락사는

pleby et al., *Animal Welfare*(3rd ed., CABI, 2018).
[5]　EAZA Population Management Manual (EAZA-Population-Management-Manual-Final.pdf); AZA Policy on Responsible Population Management (aza_policy_on_responsible_population_management_1_12_2016.pdf (speakcdn.com)

그만큼 필요하다. 감당할 수 없는 동물은 고통을 끝내 주고 다시 그런 동물이 생기지 않게 제도를 정비해야 한다. 동물이 불쌍해서 쌓아 두는 것은 호딩(hoarding)이라고 부르는 또 다른 동물학대다.

그러나 어디까지를 살 만한 삶으로 볼 것인지, 얼마나 나빠야 죽이는 것이 나은지 판단하기란 매번 어렵다. 2019년 서울대공원은 에버랜드와 경쟁적으로 AZA의 인증[6]을 받으려고 애썼다. 서울대공원은 AZA로부터 알락꼬리여우원숭이 사육공간과 사양관리가 부적절하다는 지적을 받았는데, 곧 개선했음을 보고하고 인증을 받는 데 성공했다. 그런데 얼마 지나지 않아 서울대공원의 알락꼬리여우원숭이는 전부 동물 거래상에게 넘겨져 전국의 실내 체험 동물원으로 팔려 갔다. AZA의 규정에 따르면 협회 회원사는 적정한 전문성과 시설이 부족한 개인 혹은 기관으로 동물이 양도되지 않도록 해야 한다. 그렇게 하기 어려

[6] AZA는 전 세계 동물원을 상대로 일정 조건을 충족하면 협회 차원의 심사를 통해 인증을 한다. AZA 인증을 받은 동물원은 국제적 수준의 동물원이라는 명예와 AZA 구성원 동물원과의 동물 교환 등의 혜택이 있다. 미국의 AZA 인증 동물원의 동물복지가 최고 수준은 아니지만, 아무것도 하지 않는 쪽보다는 나을 것이다.

울 경우 안락사하거나 재도입(재방사)하도록 되어 있다. 결과적으로 서울대공원은 보고용으로만 사육 환경을 잠시 개선하고 그 환경을 유지하기 어려워 동물을 사지로 내몰았다. 동물보호단체가 이의를 제기하고 AZA에도 이 사실을 알렸으나 1년이 지나도록 서울대공원과 AZA 어느 쪽에서도 조치가 없었다. 결국 그중 한 마리가 열악한 시설에서 죽었다는 사실이 확인되었다.

나뭇잎을 먹고 사는 동물에게 바나나만 먹이고, 일광욕이 중요한 동물을 지하에서 한 해 내내 햇볕도 볼 수 없는 곳으로 보내야 했다면, 차라리 안락사를 하는 것이 윤리적으로 옳다는 AZA의 기준은 안락사를 낯설어하는 한국에서 논쟁의 여지가 있을 수 있다. 하지만 동물복지학에 따르면 고통이 지속될 것을 알면서 계속 나쁜 상황에 밀어 넣는 것이 비윤리적이다. 동물을 동물원에 가두지 않는 것이 원론적인 동물권리의 입장이라면, 이미 동물원에 들어와 있는 동물은 야생으로 돌아갈 수 없기에 다른 선택지가 필요하다. 동물복지는 차선을 생각할 수밖에 없다. 동물원의 동물이 고통스러운 상황에 놓여 있다면 그 상황을 개선하는 것이 차선이다. 경제적으로 여지가 없다면, 안락사는 동물의 복지를 위한 차차선이다. 그리고 그 '죽임'이 부담스러워 다른 곳으로 동물을 떠넘기거나 방치하는 것은 어떤 관점에서든 최악이다.

안락사 싫어하는 사회, 죽음 앞에서 눈 가리는 사람들

한국의 동물원은 법만 어기지 않으면 되는 체계 안에서 법조차 없을 때 약자들이 어떻게 대우받는지 잘 보여 준다. 동물원에 관한 법률은 한국에 동물원이 생긴지 100년 이상 지나 2016년에 제정되었다. 제정 전까지 동물원이 준용할 법이란 공원 시설을 관리하는 「도시공원 및 녹지 등에 관한 법률」과 「자연공원법」이었다. 동물에 관한 법이 아니었으므로 동물원 동물들은 그저 공원이나 박물관의 시설 일부로 다뤄졌다. 「동물원 및 수족관의 관리에 관한 법률」(이하 동물원법)이 제정되는 과정에서도 동물원 업계의 반발로 동물복지에 관한 내용은 모두 삭제되어 사실상 기능을 할 수 없는 법이 만들어졌다. 그래서 지금 동물원들은 전시하고 있는 동물을 다룰 때 윤리를 생각할 필요를 느끼지 못한다. 동물보호단체나 언론에 낯 뜨거운 이야기가 흘러 들어가지 않도록 조심하는 정도면 다행이다.

이러니 동물의 입장에서 고민한 결과로 안락사를 떠올리기란 지금의 동물원 사람들에게 너무 어렵다. 오히려 안락사라는 단어가 사회 전반에 부정적으로 인식되면서 동물원 수의사를 비롯한 직원들도 안락사는 '하면 안 되는 것'으로 여기는 경향이 강하다. 그리고 동물을 직접 안락사시키는 일은 생각보다 큰 정신적 고통이 뒤따른다. 결국 직접 편안한 죽음을 선사할 자신이 없어서 동물이 살아 있는 내내 고통이 이어지도록 만든다. 동물의 삶과 죽음을 다루는 전문가가 이 문제를 깊이 고민해야 하는데, 동물원에서 일하는 사람 중에는 이곳이 무슨 일을 해야 하는지 관심도 없는 사람이 아직 더 많다.

야생에서는 언제나 잡아 먹히거나 사고를 당할 위험이 있고 나이를 먹어 쇠약해지면 경쟁에서 밀려나 죽게 된다. 그에 비해 동물원 동물은 가늘고 길게 산다. 예컨대 야생 수달의 수명은 4년 정도인데 사육 상태에서는 대개 10년 이상을 산다. 종종 자연스럽게 죽을 때를 놓치고 너무 늦어 버리곤 한다. 케이티 버틀러는 『죽음을 원할 자유』[7]에서 현대 의학이 만들어 낸 심박조율기가 어떻게 가족의 삶을 망가뜨렸는지 폭로한다. 심박조율기가 심장을 계속 뛰게 만드는 동안 아버지의 다른 부분과 그의 가족을 상처 입혔던 것처럼, 보드라운 먹이를 넣어 주고 아플 때마다 치료해 살려 두는 가운데 동물원의 동물은 존엄하게 죽을 시기를 놓친다.

　동물의 죽음을 수의학의 패배로 보는 경향도 수명을 지나치게 연장시키는 데에 일조한다. 이는 수의학이 인의학을 조급하게 따라가는 탓이기도 하다. 수의사들은 나이 든 동물도 치료받다 수술대 위에서 죽어야 책임을 다했다고 생각한다. 동물 환자는 말할 수 없는 환자다. 환자가 스스로 권리를 주장할 수 없는 상황은 환자를 더욱 취약하게 만든다. EAZA의 안락사 기준에는 자연 수명을 넘긴 동물도 적용 대상으로 규정되어 있다. 삶의 질이 떨어질 정도로 나이 든 동물을 억지로 살려 두는 것이 비인도적이라는 합의다.

[7]　케이티 버틀러, 전미영 옮김, 『죽음을 원할 자유』(명랑한지성, 2014).

　　　　　　　　　　최태규

삶을 경시하는 체제를 거부하며
동물의 이름을 부르기

퓨마 뽀롱이의 사례처럼, 2013년 사육사를 물어 숨지게 한 호랑이도 열려 있는 문으로 걸어 나왔다. 문 잠그는 일을 깜빡하는 정도는 누구나 할 수 있는 실수다. 그래서 동물원에서는 이인 일조 근무제가 기본이다. 사람에게 위험하지 않더라도 우리 밖으로 나왔을 때 동물 자신이 위험해질 수 있다. 그러나 사람과 동물이 계속 죽어도 이인 일조 근무는 이루어지지 않는다. 동물원을 관리하는 사업주가 이윤을 최대화하기 위함이고 지자체의 태만이며, 최소 인력으로 최대 효율을 내려는 신자유주의 습성 때문이다. 여유 있게 안전을 점검하고 위험한 일을 할 때 주변을 살펴 줄 사람을 '없어도 되는 사람'으로 여긴다.

현장의 일부 사육사들조차 혼자 일하는 것이 편해서 이인 일조 근무제를 거부한다. 동물 관리자는 종일 동물과 붙어서 동물의 신체적, 정신적 상태를 파악할 수 있어야 하는데, 많은 동물원에서는 사육사가 동물과 직접적인 관계가 없는 일들을 하곤 한다. 원내에 자갈을 깔고 배수로를 파고 나무를 옮겨 심는 일을 모두 사육사가 하고 있다. 전통적으로 동물 기르는 직업을 천대했듯이 사육사라는 직업의 전문성을 인정하지 않는 처사다. 특히 2010년 이후 동물과 함께 지내고 싶어 사육사가 된 사람들의 이전 세대, 그러니까 특별히 동물에 대해 배운 것도 없고 관심도 없지만 일자리가 나서 사육사가 된 사람들은 본인의 직업을 짐승 똥을 치우고 밥을 주는 일 이상으로 여기지 않는다. 단순 육체노동 이상으로 보지 않는 것이다. 안전을 위한 이인 일조도, 동물을 세심하게 기르기 위한 이인 일조도 '외부'로부터의 번거로운 변화일 뿐 '내부'에서는 '잘 모르고 하는 소리' 정도로 흘려듣는다. 가진 것도 없는데 생기는 조직보위논리다. 동물에게는 더 비극으로 결말이 날 동료 의식이다. 돌보는 동물에 대한 과학적 정보도 구전과 경험에만 의존하는 마당에 직업 윤리는 한참 멀다.

동물원 동물들에게도 이름이 있다. 종 이름 말고 부르는 이름 말이다. 이름이 있다는 것은 이름을 부르는 사람이 동물을 종으로 대하지 않고 개체로 대한다는 뜻이다. 동물을 개체로 대하면 개체별 특성을 바탕

최태규

으로 사적인 인간-동물 관계가 형성된다. 그러나 모든 동물에게 이름이 있는 것은 아니다. 내가 일하는 동물원에는 이름 없는 동물이 훨씬 많다. 불러 주지 않아서다. 매일 만나는 사육사와도 사적인 관계가 형성되지 않는다. 동물원에 취직하고 동물복지를 개선하기 위해 동물들에게 이름을 붙이려 애를 썼다. 사육사가 동물에게 애틋한 감정을 갖지 않으면 동물에게 복지를 제공하는 데도 뚜렷한 한계가 있기 때문이다. 그러나 집에서 기르는 개에게도 이름을 붙이지 않았던 시절에 동물을 배운 사람들은 동물을 이름으로 부르지 못하고 있다. 원내에 한 마리 밖에 없는 얼룩말 '하니'를 하니라고 부르지 못하고 얼룩말이라고 지칭한다. 수많은 개에게 이름이 부여된 현대 사회에서 이름 없는 개들이 어떻게 살아가는지 들여다보면, 이름이 없는 동물원 동물의 삶도 보인다.

이름의 문제는 죽은 뒤에도 남는다. 청주동물원에서는 최근 추모관 만들기를 시도하고 있다. 외국의 동물원에서는 공동묘지와 같은 형태로 죽은 동물을 추모하는 공간을 꽤 찾아볼 수 있다. 마침 원내에 잘 쓰지 않는 공간이 있어 위패를 두고자 했다. 죽은 동물의 종, 이름과 죽은 날짜를 적은 위패를 만드는 데 대해 격론이 벌어졌다. 이름이 없는 동물은 어떻게 할 것이냐, 동물이 죽을 때마다 위패를 하나씩 붙이면 수가 너무 많고 동물원이 마치 동물을 죽이는 곳처럼 느껴진다, 지금 죽고 있는 동물들을 다 알지도 못하는데 죽은 줄도 모르는 동물을 어떻게 확인할 것이냐는 등의 반발이었다. 실제로 개체 수가 많은 작은 새들은 동물원에서 몇 마리를 보유하고 있는지도 모르는 경우가 있다. 각자 유일한 삶을 살고 있는 동물들이지만, 동물원 직원 다수가 개체를 구분해서 대우하기에 품도 많이 들고 그럴 이유도 없다고 생각한다. 호랑이나 곰이 죽으면 대단한 사건이지만 작은 앵무새 한 마리가 죽는 것은 기록도 남지 않는다.

동물원에서는 보통 동물이 죽으면 부검을 하고, 사체는 의료폐기물로 처리하거나 렌더링(사체를 열처리 후 잔존물을 갈아서 퇴비나 사료의 원료로 사용하는 기술) 업체로 보낸다. 기준은 크기다. 사막여우처럼 작은 동물은 의료폐기물용 용기에 넣어 처리하고, 낙타처럼 덩치가 크면 용기에 넣을 수 없으니 렌더링을 한다. 동물원 동물이 죽었을 때 어떻게 처리해야 한다는 규정은 없다.

최태규

동물원끼리 이따금 서로 어떻게 처리하는지 물어보며 불안감을 던다. 가축 사체의 처리 방안을 규정해 놓은 「가축전염병 예방법」에 어긋나지만 않는 수준이다. 그러나 세계 곳곳에서 온 동물원 동물의 사체 처리 방법은 방역 차원에서 가축과 달라야 한다. 또한 사람들에게 '친구'로 여겨졌던 측면에서도 달라야 한다.

죽음에 어떤 의미를 부여해야 할까

커다란 동물이 평생 갇혀 사는 것을 가엾게 여기는 사람보다, 총을 맞고 죽은 것을 더 큰 비극으로 여기는 사람이 많다. 그러나 나는 동물이 죽었을 때 일종의 안도감을 느낀다. 끝이 보이지 않던 고통이 이제야 끝났구나 하는 한숨이다. 동물원에서 동물의 삶이 그렇게 지옥 같으냐고 묻는다면 꼭 그렇지도 않다. 동물복지 관점에서 본다면 그렇게 나쁘지 않은 동물원도 있다. 야생에서 대단히 다채로운 경험을 겪지 않거나 인간의 관리에 쉽게 익숙해지는 동물은 갇혀서도 그럭저럭 살아간다. 동물원에서 태어나 평생을 좁은 우리에서 지낸 동물은 야생에서 살아야겠다는 다짐이나 희망 따위를 품지 않는다. 그저 수십 수백만 년 환경에 맞춰 진화했는데 그 환경이 갑자기 바뀌어 있을 뿐이다.

그래서 그 삶은 때로 영문 모를 고통으로 점철된다. 어느 정도의 삶의 질이 주어져야 갇혀 있어도 살 만한 삶일까? 굶어 죽지 않으면 늘 배고픈 상태로 살아도 괜찮은 걸까? 얼어 죽지 않으면 고향의 야생에서 겪을 일이 없어 당황스러운 추위에는 떨어도 되는 걸까? 새끼를 낳으면 훌륭하게 살고 있는 것일까? 모두 아니기 때문에 나는 동물의 죽음에 안도한다. 약물로, 수술로 낫게 하려 애쓰다가도 죽은 사체 앞에 서면 이제 됐다는 마음이 든다. 죽음은 두려움에 떨고 좁은 철창 안에서 서성여야 하는 매일이 끝났다는 뜻이다.

코로나19 시대는 인수공통감염병이 야생동물로부터 올 수 있고 재앙이 될 수 있다는 것을 모두에게 주지시켰다. 동물의 존엄성이 무너지면 사람의 생존까지 위협할 수 있다는 교훈을 큰 비용을 치르며 배우는 중이다. 그 여파로 동물의 삶이나 죽음에 쓸모가 없었던 동물원법도 곧 개정될 예정이다. 그렇게 되면 동물원 산업이 동물을 수입하고 번식시키며 발생하는 부수

최태규

적 피해, 즉 숱한 동물들의 고통과 죽음은 조금 덜해질 것 같다. 그래도 동물원에서는 동물들이 계속 죽어 나갈 것이다. 지금 살아 있는 동물들만 해도 다 죽으려면 장사를 수만 번 치러야 한다.

철학자 클로에 타일러는 『동물의 죽음에 대한 존중』[8]에서 "우리가 죽은 동물을 어떻게 대하느냐가 살아 있는 것들을 어떻게 대하는지에 직접적인 영향을 준다. 비인간동물의 죽음에 애도하지 못하게 하는 체제에서 비인간동물의 삶은 삶으로서 가치가 없다."라고 말한다. 사람의 사체를 함부로 대하지 않는 것이 살아 있는 사람을 대하는 태도와 연결되는 것과 마찬가지다. 동물의 죽음이 사람에게 아무런 감흥을 주지 못한다면 살아 있을 때에 온전한 복지가 주어질 가능성은 낮다. 그래서 죽은 동물에게도 존엄성을 부여하는 일은 살아 있는 동물에게 실질적인 이득을 준다. 그 죽음을 어떻게 대할 것인지에 따라 살아 있는 것들의 삶의 질은 바뀔 것이다.

[8]   Chloë Taylor et al., Jay Johnston and Fiona Probyn-Rapsey ed., *Animal Death*(Sydney University Press, 2013).

플라스틱바다라는 자연

김지혜

심사예   서울대 환경대학원에서 박사과정을 수료했다. 자연과 사회의 관계, 공동체의 경계와 커머닝, 비인간의 행위성과 생태 정치에 대해 관심 있게 연구하고 있다. 특히 해양쓰레기를 매개로 여러 사람과 비인간들이 관계 맺는 혼종적인 연결망을 연구하기 위하여 해양쓰레기 연구소에서 현지 조사를 마치고 박사 논문을 쓰고 있다.

[주요어] #굴 #해러웨이 #해양쓰레기
[분류] 환경학 > 환경사회학

"사람들은 플라스틱을
자연의 값싼 대체품이거나,
효율적인 신소재로서 인간의 구상을 실현하는
수동적인 사물이라고 생각해 왔다.
그러나 플라스틱은 그 너머의 존재가 되었다.
인간의 힘으로는 어찌할 수 없는
세계 그 자체 말이다.
그리고 그러한 변화의 의미를
진정으로 이해하는 사람은 아무도 없다."

패총(貝冢), 말 그대로 조개무덤은 선사시대 사람들이 조개를 먹고 버린 조개껍데기들의 산이다. 껍데기의 칼슘 덕분에 그 무덤에 같이 버려진 뼈나 생활 도구도 썩지 않고 함께 보존되었다. 그리하여 수천 년 뒤의 사람들에게는 이 쓰레기장이 선사의 생활 양식을 알려 주는 소중한 유적이 되었다.

그런데 현대인들은 훨씬 더 큰 패총을 후대에 남겨 줄 것 같다. 통영에서는 굴들의 껍데기를 벗겨 내고 가공하는 공장을 굴막이라고 부르는데, 굴막 옆에는 굴을 떼 내고 버린 굴껍데기가 쌓여 있다. 굴 양식을 통해서 매년 약 30만 톤의 굴껍데기가 나오니, 곳곳에 현대의 패총이 생길 만하다.

현대의 패총은 굴껍데기의 악취와 생태 파괴를 이유로 골칫거리가 되었다. 굴껍데기나 조개껍데기와 함께 처치 곤란한 처지에 있는 사물들은 산재해 있다. 단연 두드러지는 사물은 플라스틱으로 코팅된 줄이라는 뜻의 코팅사(絲)다. 쉽게 끊어지지 않는 코팅사는 양식 굴을 바닷물에 담가 두기 위해 사용된다. 굴막에서 사람들은 굴이 엮여 있는 코팅사를 짧게 잘라 가며 굴을 손질한다. 굴막마다 코팅사 조각이 무더기로 나오고, 일부는 수거되지만 일부는 처리하기 어렵다는 이유로 무덤처럼 쌓여 왔다. 다른 일부는 바닷가에 버려졌고, 또 다른 일부는 해저로 가라앉았다.

사람들은 굴껍데기와 코팅사 조각을 '친환경적'으로 제거하거나 '자원화'할 수 있도록 관리하고, 연구하고, 또 처리해야 한다고 말한다. 그러한 주장 속에서 이것들은 철저하게 해양오염물질 혹은 해양쓰레기로 취급받는다. 그러나 나는 이들이 사람과 굴이 관계 맺은 흔적이라는 점에 주목하고자 한다. 이런 흔적들을 추적하면 굴로 대표되는 바다동물과 사람의 관계가 다양한 사물과 장소가 더해진 더 복잡한 관계 속에서 형성되었음을 알 수 있을 것이다. 특히나 플라스틱은 바

김지혜

다동물과 사람의 관계를 변화시키는 중요한 사물이 되었다.

바다동물 기르기

바다동물들을 기르고 번식시키는 양식(養殖)은 결코 쉽지 않다. 바다생물의 삶을 이해하고, 그가 살아갈 수 있는 환경을 만들어 주어야 겨우 가능하기 때문이다. 한 기록에 따르면 한반도에서 조선 후기까지 양식에 성공한 종은 김뿐이었다. 김은 해조류니 바다동물이 아니고, 개화기가 되어서야 굴을 비롯한 바다동물 양식이 소규모로나마 성공했다. 그런데 지금은 한국 전체 수산물 생산량의 60퍼센트 이상이 양식을 통해 얻어지고, 굴의 경우에는 90퍼센트 이상이 양식산이다. 어떻게 이렇게 비약적으로 늘어나게 된 것일까?

양식업은 어업인과 과학자, 공무원이 참여하는 거대한 국가 프로젝트 속에서 성장했다. 대량의 수산물을 안정적으로 획득하고, 어가의 수입을 극대화하며, 수산물에 대한 지식을 확보하고, 바다라는 공간을 최대한 효율적으로 쓸 것. 이런 여러 가지 목표 아래

1960년대 후반부터 '어업의 근대화'는 곧 '잡는 어업에서 기르는 어업으로'란 기치 아래 진행되었다. 모든 것이 근대화라는 이름으로 탈바꿈하던 시기에 수산업에도 근대화의 바람이 분 것이다.

그러나 근대화의 바람은 사람들의 열망만으로 손쉽게 이루어지지 않았다. 어업 근대화는 일단 양식 환경에서도 살아남는 바다생물, 양식 지식과 기술, 도구, 적절한 바다와 대기 환경이 결합되어야만 성공할 수 있었다. 바다동물 중에서 양식에 가장 협조적인 동물은 굴이었다. 굴 양식은 돌을 던져 굴이 살 만한 곳을 만들어 주는 투석식으로 시작했다. 달라붙을 만한 장소를 찾는 유생기 굴의 습성을 이용한 방법이었다. 조차가 큰 갯벌에 일단 돌을 던져 놓고 거기에 굴이 붙어 살기를 기다렸다가, 다 자라면 굴을 수확한다.

투석식 양식은 별다른 관리가 필요 없지만 수확할 때 돌에 붙어 있는 굴을 떼어 내야 하는 힘든 작업이 따른다. 그래서 대량으로 굴을 기르기엔 적합하지 않았다. 노동력은 줄이고 공간은 획기적으로 이용할 수 있는 양식법이 물 아래 늘어뜨린다는 의미의 수하식(垂下式)으로 발달되었다. 마침 남해는 수하식 양식을

　　　　　　　김지혜

하기에 적합한 바다였다. 수하식 양식은 굴의 삶을 기민하게 파악하여 단계에 따라 다른 환경을 조성해 주어야 한다. 굴이 산란하여 유생이 태어나면 코팅사에 엮은 조개껍데기에 유생을 받아 낸다. 조개껍데기에 붙은 유생이 어린 굴이 될 때까지 모내기하는 방식과 비슷하게 밀도를 떨어뜨리며 기른다. 굴이 어느 정도 커지면, 굴을 길게 늘어뜨린 채로 비교적 깊은 바다에 담가 둔다. 이때 바다 밑으로 가라앉지 말라고 줄 위에 뜨는 물건을 달아 놓는데, 이게 바로 부자(浮子)다. 보통 약 60리터 크기의 부자들이 일렬로 연결되어 서로를 지탱해 준다.

플라스틱 양식장의 탄생

양식 부자가 처음 도입되었을 때 부자의 재료는 유리였다. 지금도 통영 바다마을에 가면 가끔 한두 개의 둥근 유리 부자를 전시해 놓은 집들이 있다. 유리는 무겁고 깨지기도 쉬워 대량으로 관리하기는 어려웠다. 다행히도 그즈음에 인류에게는 새로운 도구가 생겼다. 세계적인 석유화학 회사인 다우의 직원이 우연한 계기로 만든 발포성 폴리스티렌, 곧 스티로폼이 탄생했던 것이다. 스티로폼은 바닷물에 뜨고, 유리보다 관리하기 편했다. 1970년대 후반부터 유리 부자가 스티로폼 부자로 대체되면서 굴 양식은 진정으로 대량 생산의 꿈을 이루게 되었다. 그런데 스티로폼 부자는 오래 쓸 수가 없었다. 해조류나 패류가 플라스틱에 붙어살아 무거워졌고, 자꾸만 작아지고 부서졌다. 그렇게 쓸모가 없어지면 버려야만 했다. 스티로폼의 또 다른 특징은 쉽게 버리고 교체할 만큼 싼 가격이다. 버려진 스티로폼은 잘 관리하지 않으면 바다에 유실되었고, 의도적으로 투기되었다. 버려지지 않고 쓰인다고 해도 스티로폼 알갱이들이 계속 떨어져 나갔다. 스티로폼은 양식장의 경계를 넘어 밖으로 흘러 나갔다.

그렇게 수백만, 수천만 개의 부자는 계속 교체되었고, 유실되었으며, 버려졌다. 바다와 바닷가는 스티로폼을 포함한 플라스틱 조각들을 언제 어디에서나 발견할 수 있는 곳이 되었다. 나는 스티로폼 때문에 푹신푹신해진 어느 바닷가를 걸었다. 알래스카에도 한국의 양식용 부자가 떠밀려 오고, 대양 한가운데서도 스티로폼 알갱이가 발견된다. 바다 어디에나 플랑크톤이 있는 것처럼, 이제 어디에나 플라스틱이 있다. 찰스 무어라는 선장은 작은 플라스틱이 태평양 한가운데 수없이 있는 것을 보고 『플라스틱바다』를 썼다.[1] 플라스틱바다는 특정한 지역을 일컫는 것이 아니다. 이제 바다라면 응당 플라스틱바다다. 물론 플라스틱바다가 오롯이 바다동물을 기르기 때문에 생긴 것은 아니지만, 적어도 한국에서 스티로폼 부자는 플라스틱바다를 형성하는 데 중요한 역할을 해 왔다.

상황이 이렇다 할지라도 사람들은 바다동물을 기르고 번식시키는 일을 그만두거나 줄일 수는 없었다. 대신 폐부자의 수거와 재활용을 위한 여러 제도를 만들고, 스티로폼 부자는 다른 재료의 부자로 대체하기로 했다. 가장 유력한 대체재는 스티로폼처럼 부서지는 플라스틱이 아닌 딱딱한 형태의 플라스틱이다. 적어도 딱딱한 플라스틱 부자라면 스티로폼처럼 알갱이들이 흩어지지는 않으리라 희망하면서, 플라스틱에 다시 한번 기대를 걸고 있다.

[1] C. Moore, *Plastic Ocean: How a Sea Captain's Chance Discovery Launched a Determined Quest to Save the Oceans* (New York: Avery Publishing Group, 2011).

의도 없이 움직이는 사물

사물의 탄생과 머무름, 소멸을 아우르는 한 주기를 삶이라고 표현할 수 있다면, 바다를 항해하는 플라스틱의 삶은 낭만적으로 보인다. 그는 경제적인 순환에서 벗어나 있어 돈을 벌기 위한 수단이 될 필요가 없고, 유기체의 유한한 삶에 비하면 시간의 제약을 받지 않으며, 사람의 통제에서도 벗어나 있다. 그는 작아지면 작아지는 대로 바람과 해류를 벗 삼아 세계를 돌아다닌다.

나는 그의 여정을 단편적으로나마 지켜본 적이 있다. 시작은 중국 푸젠성이었다. 푸젠성은 한국과 황해를 함께 쓰는 중국의 동해안 지역으로 이곳 사람들도 다양한 바다동식물을 기른다. 나는 늘 남해안이 양식장으로 꽉 차 있다고 생각했는데, 푸젠성의 양식장을 보니 온 세상이 양식장으로 꽉 차 있는 느낌이었다. 배를 타고 한참을 나가도 줄줄이 이어진 부자들이 떠 있는 양식장은 끝날 줄 몰랐다. 페트병, 크고 작은 스티로폼, 폐타이어, 길쭉한 합성 고무, 딱딱한 플라스틱. 뜰 만한 것이면 무엇이든 부자로 쓰였다. 어쨌든 모두

김지혜

플라스틱이었다. 중국도 한국처럼 스티로폼 부자가 문제 되자 딱딱한 플라스틱 부자로 양식 부자를 교체하는 중이었다.

푸젠성에 간 지 얼마 지나지 않아 한국 서해안의 한 섬에 갔다. 나는 푸젠성에서 본 합성고무 부자를 발견했다. 여기서 또 만나다니, 오래된 친구를 다시 만난 것처럼 반가웠다. 한국에서는 쓰는 곳이 없으니 틀림없이 그는 황해의 풍파를 견디며 이곳에 도착했을 것이다. 누군가는 이것을 보며 깨끗한 해안을 다른 나라가 망친다고 말했다. 아주 순간적인 장면만을 보면 그것이 맞는 말처럼 보인다. 그러나 우리가 바다동물을 대량으로 기르면서, 아니 스티로폼과 페트병을 이용하는 플라스틱 시대에 접어들면서 플라스틱이 닿지 않는 '깨끗한 바다'는 실재하지 않았다. 플라스틱 없는 바다는 오히려 환상이다. 플라스틱 없는 바다를 복원하겠다는 말은 세상의 해양플랑크톤을 모두 잡겠다는 말처럼 허황되다. 우리의 삶은 변형되었다. 바다도 함께. 되돌아갈 수는 없었다.

그렇다면 여기에서 바다는 무엇일까? 바다에는 양식이라는 인간의 문화와 그 문화에 순응하는, 또는 때때로 불응하는 바다동물의 삶 그리고 플라스틱이 엉켜 있다. 해류는 인공물인 플라스틱을 인간의 의도와 무관하게 이동시켜서 플라스틱을 버리는 사회와 버려진 플라스틱을 발견하는 사회를 연결한다. 이렇듯 바다는 인공적인 것과 자연적인 것이 얽혀 있는 혼종적 공간이다.[2]

부패하지 못한 것

플라스틱바다라고 해서 당장 모든 바다동물들이 죽는 것은 아니다. 인공적인 모든 것이 자연에 해가 되는 것도 아니다. 플라스틱바다에서도 숨을 쉬고, 헤엄을 친다. 조개들은 아주 작은 플라스틱을 빨아들였다가 뱉어 내기를 반복하고, 갯지렁이들은 스티로폼 부자에 집을 짓는다. 플라스틱바다는 삶의 공간이 되었다. 불확

[2] 자연문화(natureculture)라는 개념은 자연적인 것과 문화·인간적인 것이 서로의 내부를 형성하고 있기 때문에 나누어질 수 없다는 점을 강조한다. 플라스틱바다는 이 자연문화의 모습을 극명하게 보여 준다. D. J. Haraway, *The Companion Species Manifesto: Dogs, People, and Significant Otherness*(Chicago: Prickly Paradigm Press, 2003).

실한 위험을 품고 있지만, 그곳에서 살긴 살아야 하는 거주지.

한국의 해변에서 죽은 바다거북은 대개 한 국립 연구소에 운송된다. 멸종위기종인 그들의 죽음은 생물다양성과 해양생태의 지표로 여겨지기 때문에 연구소 사람들은 그들을 부검하여 사인을 찾는다. 부검 중에는 소화기관을 개복해 안에 있는 '내용물'을 확인하는 과정이 있다. 소화기관의 내용물이란, 어떻게 보면 몸 안에 있으면서도 몸은 아닌 사물들의 집합을 일컫는다. 동물이 먹었지만 완전히 소화하지는 못한 잔여물이기 때문이다. 내용물은 체로 걸러져 기생충 연구자들이 기생충 여부를 확인하고, 해양 플라스틱을 연구하는 해양 위해성 연구자들이 인공물을 확인하는 데 사용된다.

연구자들이 바다거북의 내용물 속에서 인공물을 찾을 때 나도 그들을 도우면서 실험을 관찰한 적이 있다. 내용물은 갈색, 푸른색, 연한 보라색의 무언가가 잔뜩 섞여 있었다. 누군가 아무런 맥락 없이 그것을 봤다면 얼어 있는 흙더미나 잡풀이 있는 쓰레기 뭉치로 생각했을 수도 있다. 나 역시 일련번호와 함께 장기의 위치를 적은 라벨이 없었더라면 그것이 바다거북의 내용물이라고는 생각하지 못했을 것이다.

　냉동실에 보관되어 있던 내용물이 해동되면서 실험실은 기묘한 냄새로 가득했다. 물비린내 같은 냄새도 났다가 고추장 냄새 같은 발효 냄새도 났다. 호기롭게 마스크를 착용하지 않고 작업을 시작한 나는 몇 시간 지나지 않아 마스크를 찾아 써야만 했다. 다시 몇 시간 뒤에는 현기증이 났고, 바람을 쐬러 연구소 밖으로 나가야만 했다. 내용물은 부패하고 있었다. 부패를 감당하기는 고통스러웠지만, 위험은 부패가 아니라 부패하지 않는 것에 더 가까이 있다.

　내용물 속에서 플라스틱을 찾을 때 나는 무엇이 플라스틱인지 헷갈렸다. 반짝거리는 섬유조각같이 아주 두드러지게 구별되는 것이 있는가 하면, 크기도 작고 색도 평범해서 찾아내기 어려운 것도 있었다. 바다거북의 식도에 있는 돌기도 비닐 같았고, 해초의 얇은 줄기도 합성섬유 조각 같았다. 플라스틱바다에서 숨쉬고 먹고 헤엄치는 것은 이미 자연이 된 플라스틱과 마주하는 일상이다.

　바다거북은 몸에 비해 아주 큰 인공물을 먹어서

　　　　　　　김지혜

위장이 뚫리는 천공으로 죽기도 한다. 그러나 내가 실험실에서 본 플라스틱 조각 대부분은 어떤 효과가 있는지조차 확인할 수 없을 만큼 작았다. 끈이나 비닐, 폭신한 스티로폼이거나 무엇이었는지 모를 딱딱하고 작은 플라스틱 조각들이 죽기 전 그의 몸을 통과하는 중이었다. 플라스틱은 몸의 안과 밖을 구분하는 것 같지 않았다. 썩어 가는 다른 내용물과 달리 그들은 아주 작은 모습으로도 몸의 안팎을 횡단하며 자신의 여정을 멈추지 않았다.[3]

플라스틱바다에서 헤엄치기

돌고래 보호단체 사람들을 찾아갔을 때 그들은 고래의

---

[3] 스테이시 앨라이모는 불확실한 위험을 지닌 세계의 물질들이 몸을 횡단하는 상황을 횡단-신체적이라고 표현한다. 플라스틱이 이미 자연이 되었고, 그러한 플라스틱이 바다와 육지의 몸들을 횡단하고 있다는 점에서 플라스틱만큼 '보편적인' 횡단-신체성을 지닌 인공물은 찾아보기 힘들다. 이렇게 플라스틱이 몸을 횡단한다는 감각 속에서 과연 우리는 무엇을 할 수 있고, 또 무엇을 해야만 할까? 이 엉켜 있음은 정치적인 문제이고, 동시에 윤리적인 문제이다. S. Alaimo, *Bodily natures: Science, environment, and the material self*(Bloomington: Indiana University Press, 2010).

수염을 고정액에 담가 보관하고 있었다. 나에게 고래의 수염 사이사이에 낀 작은 플라스틱 조각들을 보여주었다. 밧줄에 많이 쓰이는 청록색의 합성섬유 조각이었다.

밧줄과 바다동물. 너무 많이 본 이미지라고 생각했다. 나는 자료를 찾으면서 매일 한 번씩은 해양쓰레기에 얽혀 있거나 해양쓰레기를 먹은 동물 사진들을 보았다. 그럼에도 직접 본 그 작은 조각은 덤덤하게 동물들을 바라보고 이미지를 해석하는 나의 작업을 멈추게 만들었다.

플라스틱바다는 플라스틱이라는 물질의 매력적인 성질과 자본, 욕망, 기술이 뒤엉켜 일구어졌다. 19세기 이전에는 만들어진 적 없었던 특수한 석유 화합물이 이제는 바다의, 대기의, 몸의 구성 요소로 존재한다. 해양에 떠다니거나 해안가에 쌓여 있는 플라스틱의 문제는 단지 미적인 불쾌를 유발하기 때문만은 아니다. 돌고 돌아 인간의 몸에 피해를 준다는 건강상의 문제만도 아니다.

내 생각에 이 문제의 놀라운 점은 플라스틱이 새로운 자연문화의 세계를 만들고 있다는 점이다. 사람

김지혜

들은 플라스틱을 자연의 값싼 대체품이거나, 효율적인 신소재로서 인간의 구상을 실현하는 수동적인 사물이라고 생각해 왔다. 그러나 플라스틱은 그 너머의 존재가 되었다. 인간의 힘으로는 어찌할 수 없는 세계 그 자체 말이다. 그리고 그러한 변화의 의미를 진정으로 이해하는 사람은 아무도 없다.

결과적으로 인간뿐 아니라 다른 동물, 식물, 미생물과 지구의 온갖 사물 들은 살아남기 위하여 플라스틱지구 속을 헤엄쳐야 한다. 기술이나 관리가 모든 것을 해결해 주리라는 지나친 낙관도, 자연의 종말에 대한 공포에 사로잡힌 혐오와 두려움도 헤엄치기에 별로 유용하지는 않아 보인다. 이제 플라스틱세계 속에서, 해러웨이가 말했던 것처럼 문제와 함께 머무를 때가 와 버렸다.

문제와 함께 머무른다는 것은 미래라고 불리는 시간과의 관계를 요구하지 않는다. 사실, 문제와 함께 머무는 것은 진실로 현재에 존재하는 법을 배우는 것이다. 끔찍하거나 지상낙원이었던 과거와 종말론적이거나 구제받는 미래 사이를 회전하며 사라지는 존

재가 아니라, 장소와 시간, 물질과 의미의 무수하고
도 끝나지 않는 배열 속에 뒤엉킨 도덕적인 생물체
로서 말이다.[4]

[4] D. J. Haraway, *Staying with the trouble: Making kin in
the Chthulucene*(Durham: Duke University Press, 2016),
p. 1.

"나만 없어,
반려동물"

전의영

전의령   인류학자. 한국의 이주/다문화 담론, 반다문화와 신자유주의, 동물 담론 등에 관한 연구를 진행해 왔다. 최근 발표한 논문으로는 「타자의 본질화 안에서의 우연한 연대: 한국의 반다문화와 난민반대의 젠더 정치」, 「연민과 '고통-나눔': 동물복지 담론과 다종적 취약성에 관하여」, 「"Voices of ordinary citizens": ban damunhwa and its neoliberal affect of anti-immigration in South Korea」 등이 있다. 현재 전북대학교 고고문화인류학과에 재직 중이다.

[주요어] #반려동물 #매개된친밀감 #반려시장
[분류] 인류학 > 문화인류학

"'반려묘의 건강을 위해 프리미엄 사료를
제공할 것인가 아니면 생식을 제공할 것인가'에서
'반려견의 생일을 기념하기 위해 생일 파티를
열어줄 것인가 아니면 동물병원에서
건강검진을 받게 할 것인가'에 이르기까지
반려인으로서 우리의 애정과 관심은
종종 '무엇을 어떻게 소비할 것인가'라는
질문과 동시적이다."

반려인의 자격

2008년 봄, 태어난 지 이제 한 달여밖에 안 된 고양이 '마우'를 데려왔을 때 나는 막 한국에서 박사논문을 위한 현장연구를 시작한 참이었다. 서울에 원룸을 구한 지 얼마 지나지 않아 어느 고양이 분양사이트의 입양 공고란에서 찾은 마우를 데려오기로 결정하는 데까지는 며칠 걸리지 않았던 것 같다. 부천에 살던 마우의 주인은 가까운 지하철역까지 마우를 데려다주었고, 나는 마구 울어 대는 이 새끼 고양이를 이동장 대신 준비해 간 작은 캔버스 가방에 집어넣어 집까지 데려왔다. 그렇게 마우와 나의 동거가 시작되었다.

나는 20개들이 사과 상자에 모래를 부어 마우가 사용할 화장실을 만들었고, 적당한 크기의 그릇에 사료와 물을 담아 주었다. 이후 마우는 제대로 된 고양이 화장실을 갖고 동물병원에서 기본적인 예방접종과 중성화 수술도 받았지만, 이것은 현장연구를 위해 받은 지원금으로 남은 1년 반을 버텨야 했던 대학원생으로서 당시 내가 마우에게 해 줄 수 있는 최선이었다. 다행히 마우는 별탈 없이 건강한 (조금은 비만인!) 고양이로 자랐고 지금까지 내 기쁨의 원천이다.

십수 년이 지난 지금 한국에서 이른바 반려문화는 폭발적으로 성장했다. 반려동물을 데려오기 전 많은 것들이 기대되는 요즘의 기준으로 보면 다시 미국으로 돌아갈 상황에서 고양이를 입양했을 뿐 아니라 사과 상자를 화장실로 내어 준 나는 반려인으로서 자격이 없어 보인다. 최근 내 주변에서는 유기견을 입양하고 싶지만 1인 가족이라 순위에서 항상 밀리게 된다는 이야기, 구조된 고양이를 입양하려고 했더니 집에 '방묘창'과 '방묘문'이 설치되어 있어야 한다는 조건에 고민된다는 이야기, 또는 고양이를 입양하러 간 집에서 서약서까지 썼는데 이후 분양자의 느닷없는 방문에 놀랐다는 이야기가 심심찮게 들려온다. 급성장한 반려문화는 유기동물 수의 증가를 초래했고 이는 반려인의 자격과 반려환경을 검증할 사회적 필요성을 낳았다. 하지만 유기 문제만을 가지고 현재 한국에서 부쩍 높아진 반려인과 반려환경에 대한 기대 수준을 설명하기는 어려워 보인다.

반려인의 일상은 미디어와 시장에 의해 복잡하게 매개되고 있으며, 그 속에서 반려인의 자격과 조건에 대한 사회적 기대가 점점 높아지고 있을 뿐 아니라 '반려' 자체가 복잡한 사회문화적, 경제적 담론이자 실천이 되어 가고 있다. 그런 의미에서 '반려'는 이제 '애완'을 대체하는 'PC(politically correct, 정치적으로 올바른)'한 용어 또는 인간과 펫-동물 간의 바람직한 관계를 위한 윤리적 명령에서 더 나아가 애정, 친밀감, 돌봄 등 감정의 정치경제라는 측면에서 그려질 필요가 있다. 미디어와 시장은 어떻게 우리의 감정을 창출하고 반려인의 자격을 저울질하는가? 그리고 그 속에서 우리의 '반려 주체성'은 어떻게 구성되는가?

자본과 미디어가
매개하는 감정

언젠가부터 SNS에서 떠돌고 있는 "나만 없어, 고양이"라는 유행어는 단순히 반려동물이 없는 사람들의 자조와 박탈감을 드러내는 말에 그치지 않는다. 그것은 특정 라이프 스타일을 영위하고자 하는 욕망과 감정, 즉 귀여운 개·고양이를 소유하고 싶은 마음을 훌쩍 넘어서 반려문화와 그것이 상징하는 라이프 스타일에 대한 소비 자본주의적 욕망을 가리키며 동시에 이를 창출한다. 로잘린드 길은 "매개된 친밀감(mediated intimacy)"이란 개념을 통해 현대사회에서 만들어지는 다양한 유형의 친밀한 관계성이 미디어를 매개로 조직됨을 역설한다.[1] 이는 소비 자본주의 하에서 우리가 갖는 감정과 우리가 타인과 맺는 관계가 시장과 무관하지 않고, 오히려 그 안에서 지배적으로 구성됨을 상

[1] Rosalind Gill, "Mediated intimacy and postfeminism: a discourse analytic examination of sex and relationships advice in a woman's magazine." *Discourse and Communication*, Vol. 3(2010), pp. 345~369.

기시킨다. 한국에서 급성장한 반려문화 속에서 미디어와 자본은 구체적으로 어떤 역할을 하고 있을까?

언젠가부터 TV에서는 개와 고양이의 문제적 행동을 교정하고 반려인과의 관계를 조정하는 프로그램들, 반려동물의 건강 상태를 체크하고 조언하는 프로그램들이 연일 방송된다. TV를 통해 전달되는 전문적인 지식과 정보는 다시 인터넷과 SNS를 기반으로 형성되는 반려동물 담론과 호응하고 경합하면서 확장되는 모습을 보인다. 반려인들이 운영하는 블로그와 유튜브, 각종 커뮤니티에서 생산되는 글, 이미지, 동영상, 댓글, 리뷰 등에서는 다양한 차원의 수의학적, 동물행동학적 지식과 정보가 넘쳐 날 뿐 아니라 즉각적으로 수행되고, 실시간으로 논의와 평가의 대상이 된다. 그 속에서 반려인이 된다는 것이 무엇을 의미하는지 끊임없이 재정의되며, 반려자는 과학적인 지식에 기반한 반려생활을 영위하는 새로운 반려주체로 재탄생할 것을 요구받는다.

이렇게 각종 미디어 테크놀로지를 통해 구성되는 반려담론에서 반려인의 마음가짐, 관심도, 애정, 돌봄 방식 등이 매 순간 논의되고 평가되는 와중에 반려인

은 이전에 비해 놀랍도록 빨리 의료화·정보화·과학화
된 반려시장의 소비자로서 호출된다. 점점 더 스마트
해지는 반려산업에서 상품으로 거래되는 것은 단순히
개·고양이 용품들이라기보다는 반려인의 애정, 돌봄,
관심, 소망, 불안 등의 감정과 자본에 의해 매개된 사
회문화적 실천으로서의 반려-라이프 스타일이라고 할
수 있다.

반려문화와
반려산업의 상호의존성

'자식 보다 나은' 존재인데 어떻게 '사람이 못 먹는 밥'
을 먹게 하느냐, 또는 '가족을 위한 밥이 그냥 밥은 아
니다.'라는 다그침은 이제 단순히 반려동물 커뮤니티
에 달릴 법한 댓글이 아니라 이른바 '100퍼센트 휴먼
그레이드'를 강조하는 사료 광고에 등장하는 말이다.
숙박업계가 앞다퉈 내놓고 있는 펫 동반 투숙 서비스
들은 반려동물을 놔두고 집을 비워야 하는 반려인의
불안을 공략하는 동시에 '반려동물과 함께하는 호캉
스'라는 새로운 반려-라이프 스타일을 창출해 낸다.

즉, 급성장한 반려문화는 급성장한 반려산업과 상호의 존적이며 상호구성적으로 존재한다.

2019년 대비 2020년 반려동물 미용전문점은 1.5배, 용품전문점은 1.2배, 호텔·유치원 등의 돌봄업종은 2배, 장례업종은 1.9배, 그리고 택시업종은 무려 9.2배의 성장률을 보였고, 반려산업의 규모는 2025년에 이르면 5조 3000억 원에 이를 것으로 예상된다.[2] 시장은 반려인이 성별·연령별로 주로 어느 상품과 서비스를 구매하고 이용하는지 분석하고 있으며, 반려산업 내의 계층화 및 고급화는 이미 새로운 일이 아니다.

반려인의 주체성이 반려문화와 반려자본의 공동생산물로서 다면적으로 구성되는 가운데 '애완동물'이 아닌 '자식' 또는 '아이'를 양육하는 돌봄 주체라는 사회문화적 측면과 반려상품 및 반려서비스의 소비 주체라는 경제적 측면은 복잡하게 얽혀 있다.

흡사 육아 커뮤니티와 별 차이가 없어 보이는 반려동물 커뮤니티들에서는 종종 최상의 돌봄과 반려가

[2] 신주리, 「"아낌없이 다 해 줄게"…… 반려동물 산업 성장」(《KBS뉴스》 2020년 11월 4일 자). https://news.kbs.co.kr/news/view.do?ncd=5040855

무엇인지를 둘러싼 의견 나눔과 미묘한 긴장 및 충돌
이 감지되는데, 이는 궁극적으로 반려인으로서 어떤
소비 주체가 될 것인가와 밀접히 연결된다. '반려묘의
건강을 위해 프리미엄 사료를 제공할 것인가 아니면
생식을 제공할 것인가'에서 '반려견의 생일을 기념하
기 위해 생일 파티를 열어 줄 것인가 아니면 동물병원
에서 건강검진을 받게 할 것인가'에 이르기까지 반려
인으로서 우리의 애정과 관심은 종종 '무엇을 어떻게
소비할 것인가'라는 질문과 동시적이다.

"개는 개일 뿐"

물론 나는 우리가 겪는 반려의 경험이 모두 자본과 미
디어를 통해 형성된다고 주장하려는 것은 아니다. 한
국에서 2000년대 초중반 이후 등장하기 시작한 '애완
에서 반려로'라는 구호가 바람직한 반려관계를 위한
윤리적 명령을 넘어 어떤 감정과 친밀감의 정치경제를
동반하였는지에 대해 이야기하고 싶었을 뿐이다.

　　도나 해러웨이는 "길들인 갯과 동물을 털북숭이
아이"로 만들고 그 속에서 인간 자신의 모습을 투사

하는 우리의 문화적 노력과 관습에도 불구하고 "개는 개"라고 말한다.[3] 개들은 인간의 "투사 대상도, 의도를 구현한 물체도, 다른 무언가의 텔로스도 아니"라는 어찌 보면 너무 당연한 그의 지적은 반려의 정치경제에 완전히 포섭되지 않는 반려의 경험을 상기시킨다.

반려의 일상은 자본과 미디어로부터 결코 자유롭지 않지만 동시에 변화무쌍하며 예측 불가능한 사건들로 가득 차 있기도 하다. 제아무리 '최고급 재료와 완벽한 영양 밸런스'를 자랑하는 프리미엄 자연식 사료라고 해도 '우리 집 개'가 먹기를 거부하면 무용지물일 뿐이다. 근육량을 늘리고 지방을 줄인다는 고양이용 운동 기구 캣 휠을 앞에 두고 '우리 집 고양이'가 올라갈 기미를 전혀 보이지 않는다면 이것은 또다시 계획에 없는 인테리어 장식이 될 가능성이 농후하다. 따라서 반려동물 커뮤니티나 특정 반려용품을 파는 온라인 사이트의 후기 게시판에는 반려의 정치경제에 잡음을 일으키는 '우리 집 애'들의 이야기가 종종 올라온다.

며칠 전 어느 단체 메시지방에 반려동물에 관한

[3] 도나 해러웨이, 황희선 옮김, 『해러웨이 선언문: 인간과 동물과 사이보그에 관한 전복적 사유』(책세상, 2019), 129쪽.

글을 써야 하는데 무엇을 쓸지 고민이 된다는 말을 했다. 그러자 반려인이 아닌 한 지인은 반려견 놀이터와 동물 장묘시설의 조성을 둘러싼 사회적 갈등에 관한 기사 링크를 공유해 주었고, 다른 지인은 집에서 키우는 개 '또리'가 최근 새삼 예민해져서 자신이 샤워를 할라치면 '엄마 물에 빠져 죽는다고' 문 앞에서 내내 울부짖는다는 소식을 전해 주었다. 또리의 웃픈 상황에 웃음이 터져 킬킬대고 있는 내게 최근에 고양이 '집사'가 된 또 다른 지인은 다음 주말에 열리는 펫페어에 같이 가지 않겠느냐고 물어왔다. 반려의 경험은 이렇게 산만한 대화와 같이 일어나며, 그 속에는 자본과 비자본, 애정과 지배, 기쁨과 상실 등이 어지럽게 중첩되어 있다.

　　　　　　　　　　전의령

고양이
앞에 선 철학자

김은주

김은주 서울대 철학과 박사과정을 수료하고 프랑스 리옹고등사범학교에서 스피노자의 인과성 개념을 다룬 논문으로 철학 박사학위를 받았다. 부경대 교양교육원 조교수로 재직하면서 스피노자와 데카르트, 홉스 등 17세기 철학과 현대 프랑스 철학을 연구하고 있다. 「스피노자 철학에서 개체의 복합성과 코나투스」, 「푸코-데리다 광기 논쟁을 통해 본 데카르트라는 사건」 등의 논문을 발표했고 스피노자의 『지성교정론』, 피에르프랑수아 모로의 『스피노자 매뉴얼』, 알렉상드르 마트롱의 『스피노자 철학에서 개인과 공동체』(공역)를 번역했으며 『생각하는 나의 발견: 방법서설』, 『스피노자의 귀환』(공저) 등을 썼다.

[주요어] #고양이 #데리다 #시선
[분류] 철학 > 프랑스현대철학

"우리가 다른 종의 생명체들이 느낄 고통을
어떻게 알고, 그들을 대신하여 말할 수 있는가?
설령 안다 한들
과연 인간이 그들의 이익을 고려하여
자신의 이익을 포기할 수 있을까?
실천적 긴급함을 이유로 제기되는
물음의 규모를 회피해서는 안 될 것이다.
동물윤리의 진전은 오히려
동물 사유를 촉발하며 또한 촉구한다."

인간과 동물의 관계는 인류 역사만큼 오래되었지만, 동물윤리가 회자되기 시작한 것은 비교적 최근의 일이다. 18세기에 벤담은 "문제는 동물들이 이성적으로 사고할 수 있느냐도 아니고 말을 할 수 있느냐도 아니며, 고통을 느낄 수 있느냐"[1]라고 말하면서 동물 윤리의 지평을 열었다. 동물을 '인격'으로 볼 수 없으므로 의무론적 개념의 '권리' 운운은 어려운 일이다. 벤담을 위시한 공리주의자들도 권리라는 까다로운 개념에 호소하지 않는다. 대신 그들은 쾌고감수능력을 가진 존재의 이익을 동등하게 고려할 것을 주장한다.

[1] 피터 싱어, 김성한 옮김, 『동물 해방』(연암서가, 2012), 36쪽에서 재인용.

그럼에도 동물 해방 운동의 바이블인 『동물 해방』의 서론에서 피터 싱어는 여타의 차별 반대 운동에 비해 '종차별' 반대 운동이 갖는 두 가지 약점을 인정한다. 하나는 해방되어야 할 당사자인 동물이 결코 자신의 해방에 나설 수 없다는 점이고, 다른 하나는 반대편 당사자인 인간이 동물의 이용에서 너무나 막대한 이득을 얻고 있다는 점이다. 동물 해방 운동은 이 둘 다와 관련하여 뚜렷한 진전을 이루었다. 조건부일지언정 육식 포기나 동물실험 축소, 동물복지에 대한 공감대는 놀라울 정도로 확장되었다. 그러나 이 확장은 다른 물음으로 이어진다. 채식이나 동물실험 축소 운동이 공감을 얻는 가운데서도 유전자 조작 등 의료 목적의 기술적 개입은 더 강하게 요구되고 있지 않은가? 또한 어떤 존재의 복지를 염려하면서 그 존재를 어떻게 먹을 수 있을까?

그래서 나는 싱어의 말을 되묻게 된다. 우리가 다른 종의 생명체들이 느낄 고통을 어떻게 알고, 그들을 대신하여 말할 수 있는가? 설령 안다 한들 과연 인간이 그들의 이익을 고려하여 자신의 이익을 포기할 수 있을까? 실천적 긴급함을 이유로 제기되는 물음의 규모

김은주

를 회피해서는 안 될 것이다. 동물윤리의 진전은 오히려 동물 사유, 즉 동물에 대한 사유와 동물에 대한 우리 사유의 한계에 대한 사유를 촉발하며 또한 촉구한다.

동물을 이야기할 때 인간이 고려하는 것

이와 같은 동물 사유의 자취를 우리는 자크 데리다 (Jacques Derrida, 1930~2004)에게서 찾아볼 수 있다. 흔히 데리다의 후기 사상을 '윤리적 전회'라고 부르지만 또한 '동물로의 전회'라고 부를 만큼 동물은 데리다의 생애 후반기 작업에 중요한 주제다. 그러나 동물 문제는 초기작 『그라마톨로지』(1967)에서부터 삶과 죽음, 자연과 문명, 인간성과 동물성과 같은 이항대립과 더불어 그가 단편적으로나마 꾸준히 다뤄 온 문제이기도 하다. 데리다는 자신이 동물에 대한 가까움이나 우애, 심지어 동물들에 의해 '선택된' 사람이라는 감정을 느낀다고까지 말한다.[2] 이는 일체의 소속에 대한 거

[2] Jacques Derrida, *L'animal que donc je suis*(Galilée, 2006), p. 91. 이 책은 1997년에 있었던 세르지 강연 '자서전적 동물'

부, 유대 공동체만이 아니라[3] 심지어 인간 공동체에 대한 소속마저 거부하는 그의 성향에 비춰 보면 자연스럽게 이해된다. '동물 되기'까지는 아니라도 최대한 인간 공동체의 바깥 경계선에 서고자 노력하면서 그가 펼치는 동물 사유는 어떤 것일까? 싱어로부터 제기된 두 물음을 실마리로 삼아 보자.

우선 인간이 동물 이용의 막대한 이익을 포기할 수 있는가의 문제. 1989년 '주체 이후에 누가 오는가?'라는 제목으로 장뤽 낭시가 수행한 인터뷰에서 데리다는 근대적 주체 개념에 대한 긴 성찰을 전개한 끝에 뜻밖에도 동물의 문제를 논하면서 인터뷰를 맺는다. 그는 동물 이용의 문제를 언급하면서도, 인간이 육식이나 동물실험, 오락과 같은 동물 이용의 이익을 포기할 수 있는가에 답하는 대신, 이 관행들을 보다 보편적인 맥락에 위치 지운다. 인류 문명 전체가 동물에 대한 실재적이거나 상징적인 희생을 바탕으로 세워져 있으며,

과 2003년에 한 학술지에 쓴 원고 「만일 동물이 응답한다면?」을 합친 것으로, 데리다 사후 단행본으로 출간되었다.
[3] Jacques Derrida·Élisabeth Roudinesco, *De quoi demain*……(Editions Fayard-Gallimard, 2001), p. 183.

78   김은주

'주체'는 희생을 받아들이고 살을 먹는 존재라는 것이다. 「'잘 먹어야 한다' 혹은 주체의 계산」이라는 이 인터뷰의 제목은 그의 입장을 잘 집약하고 있다.[4] "어쨌든 먹어야 하므로," 오늘날 사람들이 생각하는 윤리적 경계선은 타자를 먹는 것이 과연 좋은가도 아니고, 어떤 타자를 먹는가도 아니고, '어떻게' 잘 먹어야 하는가다. 이미 계산의 문제인 것이다. 동물을 먹는 것이 '살해'라는 것은 여전히 사실이지만, 이 사실은 '잘 먹어야 한다'는 필요를 통해 정당화되고 부인된다. 그리고 나만이 아니라 '함께' 잘 먹어야 하므로 '살해'는 당연히 집단의 차원으로 확대된다.

다음으로 인간이 말 못하는 동물을 대신하여 그들의 이익을 말하고 생각할 수 있는가라는 좀 더 철학적인 문제를 살펴보자. 인간은 실천적으로 자신의 이익을 포기하기 어려울 뿐 아니라 철학적으로도 동물 '대신', 동물의 입장에서 사유한 적이 없다. 오히려 인간은 동물을 타자로 배제하면서 자기 자신을 규정해 왔

[4] Jacques Derrida, "'Il faut bien manger' ou le cacul du sujet. Entretien avec J.-L. Nancy", *Cahiers Confrontation, 20, Après le sujet Qui vient*(Hiver, 1989), pp. 91~114.

다. 생존을 위해 동물에 의존했듯이, 사유에서도 어떤 의미에서는 동물에 의존해 온 셈이다. 동물을 주제로 한 데리다의 대표작 『동물인 고로 나는 존재한다』에서 데리다는 자신의 일관된 해체 대상인 로고스중심주의가 육식적인-팔루스-로고스-중심주의라고 고발한다. 로고스중심주의 자체가 무엇보다도 "동물에 대한 테제"이다. 철학사를 통틀어 이른바 인간에게 고유한 것, 인간의 인간성 자체가 동물과의 대립을 통해 수립되어 온 것이다. "말, 이성, 죽음의 경험, 애도, 문화, 제도, 기술, 옷, 거짓말, 꾸밈의 꾸밈, 흔적 지우기, 증여, 웃기, 울기, 존경 등"[5] 오직 동물에게는 없다고 보이는 것만이 인간의 고유한 능력이라 인정된다.

그러나 인간의 육식-팔루스-로고스-중심주의를 고발하는 데서 나아가 데리다가 동물에 대해, 혹은 동물을 위해 뭔가를 말할 수 있을까? 일찍이 그는 광기에 자기 목소리를 되돌려 준다는 푸코의 기획을 불가능한 기획이라고, 나아가 광기를 오히려 이성의 언어 안에 가두는 이성의 폭력이라고 비판하지 않았는

[5] Jacques Derrida, L'animal que donc je suis, p. 185.

김은주

가?[6] 이제 어쩌면 광인보다 더 타자일 동물에 대해 말하면서 이 경고를 잊어버렸을 리 만무하다. 이 책에서도 그는 동물을 자기화하는 위험(과잉 해석의 폭력)과 동물은 알 수 없다는 태도(공감과 모든 말 걸기 가능성의 박탈)의 문제를 반복해서 환기한다. 그리고 이 두 가지 위험을 피해 택한 방법이 자서전적(autobiographique) 방법이다. 『동물인 고로 나는 존재한다』라는 책 제목처럼 이 글은 데리다 자신의 이야기이다.

고양이의 시선 앞에서 사유하기

때때로 나는 내가 누구인지 보려고 나 자신에게 묻곤 한다. 내가 누구인지, 그리고 어쩌다 벌거벗은 상태에서 조용히 동물의 시선에, 가령 한 마리 고양이의 눈에 노출되어 곤란해하는, 그렇다, 거북함을 이겨내

---

[6] Jacques Derrida, "Cogito et histoire de la foile," *Ecriture et Différence*(Seuil, 1967), pp. 51~97. Cf. 김은주, 「푸코-데리다 광기 논쟁을 통해 본 데카르트라는 사건」, 《철학》제134집 (2018), 87~115쪽.

기 곤란해하는 그런 순간에 처한 내가 누구인지를.[7]

　동물을 대신하여 말하는 대신, 데리다는 '나'의 이야기를 한다. 그런데 자기 자신에게 현전하는 데카르트적 코기토와 달리 '나'의 앞에는 누군가가 있다. 동물이라는 타자, 더 정확히 말해 단수로 통칭되는 '동물'이 아니라 깊이를 측량할 수 없는 시선을 지닌 한 마리의 고양이가 있다. 나라는 '주체'의 위치에서 말한다는 것은 나보다 앞서 와 있었던 타자의 시선에 예기치 않게 노출된 상황에서 말한다는 것을 의미한다.

　『동물인 고로 나는 존재한다』는 샤워를 하고 바로 나오다 고양이의 시선과 마주친 데리다 자신의 이야기로 시작된다. 나는 이 고양이 앞에서 수치를 느끼는가? 혹은 수치를 느껴야 마땅한가? 동물 앞에서 수치를 느낀다면 오히려 이야말로 수치스러운 일이 아닌가? 동물 자신은 벗고 있으면서도 수치를 모르기 때문에, 혹은 벌거벗음에 대한 의식이 없는 존재는 벌거벗을 수 없기 때문에, 수치를 모르며 벌거벗을 수조차 없는 존

[7]　Jacques Derrida, *L'animal que donc je suis*, p. 18.

재 앞에서 수치를 느낀다는 것은 수치스러운 일일 것이기 때문이다. 이렇게 사유는 시작된다. 이 장면에서 앞서는 것은 타자인 동물이며, 이 타자가 나를 응시하는 사건이다. 이를 뒤따라 나의 사유는 시작된다. 혹은 이런 마주침으로부터 사유는 시작된다. 이런 의미에서 나는 동물을 따라간다. 이것이 Je suis(나는 존재한다/이다)에서 'suis'의 또 다른 의미이다. 'suis'는 être(있다/이다)의 1인칭 활용형일 수도 있지만, suivre(뒤따르다)의 1인칭 활용형이기도 하다. "나는 생각한다, 고로 존재한다."라는 데카르트의 테제는 '동물'이 있고 동물을 뒤따르면서 내가 존재한다(사유한다)로 해석되는 것이다.

데리다는 이처럼 고양이의 시선 앞에서 자기 이야기를 하면서 '인간'이라는 경계 안쪽에서 형성되어 온 담론을 해체한다. 벌거벗은 몸으로 동물의 시선에 노출되는 데리다의 상황은 애완동물을 기르는 사람이면 누구나 경험해 보았음직한 장면이다. 더 멀리는 「창세기」에서 최초의 인간이 처한 상황이기도 하다. 신은 인간을 창조하기 전에 먼저 동물을 창조하였다. 그러나 또 그 덕분에 인간은 이미 지배권을 가지고 탄생한다. "우리와 비슷하게 우리 모습으로 사람을 만들자. 그

래서 그가 바다의 물고기와 하늘의 새와 집짐승과 온
갖 들짐승과 땅을 기어 다니는 온갖 것을 다스리게 하
자."[8] 그러면서 인간은 두 가지 원초적 폭력에 연루
된다. 야수의 부추김을 받아 금지된 열매를 먹는다거
나 시기심으로 동생을 살해하는 것처럼 신의 명령을
위반하는 폭력보다 더 원초적인 폭력. 그것은 신의 명
령에 함축된 폭력으로, 인간보다 먼저 와 있던 동물에
가해지는 폭력이다. 하나는 동물 희생을 승인하고 장
려하는 폭력이다. 인간의 "두 번째 원죄"인 카인의 범
죄에 동기를 제공한 것은 신의 육식 선호다. 신은 자신
에게 농작물을 봉헌한 카인보다 동물을 죽여 바친 아
벨을 편애한 것이다. 신이 승인하고 장려한 이 동물 희
생의 폭력은 그보다 더 앞선 또 다른 폭력에 토대를 두
고 있다. 동물에 대한 **명명의 폭력**이다. 신은 자신의 모
습을 본떠 만든 아담에게 동물들에게 이름을 붙일 권
력, 그들을 자기 자신을 위해 전유할 권력을 주었다.
지상에 먼저 와 있던 동물들은 이에 따라 인간을 '위한'
존재들로 탈바꿈한다.

[8] 한국천주교회의 성서위원회, 「창세기」, 『주석 성경』, 1, 70쪽.

이렇게 보면 데리다가 고양이의 시선 앞에 놓인 자기 자신을 돌아보는 것은 이 폭력이 일어나기 직전의 신화적 시간에 좀 더 머물러 보기 위한 것("내가 누구인지 보려고")일지도 모르겠다. 벌거벗은 채로 고양이의 시선에 노출된 데리다의 모습에, 동물들을 뒤따라 지상에 등장한 아담의 모습을 포개 보자. 아담은 차후 금지된 열매를 먹고 난 다음 인간 타자 앞에서 비로소 수치를 느낄 것이다. 반면 데리다는 이 순간 이미 수치를 느끼면서, 이 느낌이 온당한지를 묻고 있다. 데리다에게 이런 물음의 시간이 열리는 이유는 그가 "막대한 상징적 책임을 지닌"[9] 대표자로서의 동물이 아니라 '이 작은 고양이 한 마리' 앞에, "모든 개념에 저항하는 실존"[10] 앞에 서 있음을 자각하기 때문이다. 아담은 개체에서부터 종에 이르기까지 복수의 동물들(animaux)을 부당하게 '동물(animal)'로 통칭하고 그들을 지배할 것이다. 이미 여기서 종 간의 전쟁은 시작된다고 볼 수 있다. 데리다는 바로 이 폭력을 폭로하는 동시에 완화하기 위해 animot(아니모)라는 신조어를

[9] Jacques Derrida, Ibid., p. 26.
[10] Ibid.

제안한다. 이것은 '동물'이라는 단수 명칭이 '말(mot)'에 불과하다는 것을 암시하는 동시에, 동물의 복수형인 animaux와 발음이 같아 환원 불가능한 다수의 개체들이 있을 뿐임을 암시한다. 그리고 이 복수성은 데리다 자신에게도 해당된다.

신화적 담론의 해체를 통해 데리다는 이처럼 인간이 동물을 타자로 하여 세워 둔 경계가 물질적이고도 상징적인 폭력을 기반으로 하고 있음을 보여 준 다음, 철학적 담론의 해체를 통해 그 경계의 정체가 불분명함을 밝힌다. 여기서도 고양이의 시선은 중요한 역할을 한다. 왜냐하면 이런 시선의 공백 자체가 철학적 담론의 내용을 규정해 왔기 때문이다. 가령 데카르트는 신체로부터 사유를 배제하면서 동물에게 영혼이 없다고 선언한다. 그 근거로 그가 내세운 것은 동물이 말을 할 수 없다는 것이다. 물론 동물은 소리를 내고 심지어 페로몬 등으로 서로 의사소통도 할 것이다. 동물이 말을 할 수 없다는 것은 이런 의사소통이 불가능하다는 뜻이 아니다. 그것은 동물이 대답을 할 수 없다는 것이고, 대답을 할 수 없는 것은 질문을 할 수 없기 때문이다. 대답은 예측 불가능성의 지평을 포함해야 하지만,

김은주

동물은 프로그램화한 반응 이상을 할 수 없는 것이다. 이 점은 상식으로 통하며, 여기에서만은 철학과 상식이 완전히 일치한다.

　그러나 고양이의 응시는 이 통념을 되묻게 한다. "동물은 정말 대답할 수 없는가?" 데리다는 긍정이나 부정의 실증적 근거를 제시하는 대신 데카르트의 동물 기계론이 실은 기계와의 유비로부터 도출되었다는 점을 지적한다. 일종의 논점 선취의 오류인 셈인데, 이것이 칸트에서 레비나스와 라캉에 이르기까지 동물에 대한 모든 철학적 담론의 전제 역할을 해 온 것이다. 칸트가 동물에 대해 자기 지시의 능력을 부정할 때, 레비나스가 동물에게는 얼굴이 없다고 단정할 때, 그리고 라캉이 동물에게 상상계는 있어도 상징계에 접근하지 못하며 흔적을 남길 수는 있으나 지우는 능력은 없다고 말할 때, 마지막으로 하이데거가 현존재를 물음을 물을 수 있는 존재자로 보면서 인간만을 포함시키고 동물의 존재 양상을 인간의 '세계-내-존재'와 다른 '세계 빈곤(Weltarm)'으로 규정할 때, 이들은 모두 데카르트의 후예들이다. 이제 데리다는 이들이 동물에게 없다고 본 것이 정말로 **동물에게 없는지**를 묻고(동물에게 얼굴이 없는가?), 또한 인간에게 배타적으로 속한다고 본 그 능력이 정말로 인간에게 있는지를 묻는다.(인간에게는 흔적을 지우는 능력이 있는가?)

가느다란 입지와 사유의 개별성

데리다가 말하려는 것은 동물이 인간과 별로 다르지 않다는 것이 아니다. 동물과 인간 사이의 불연속성을 부인하는 것이야말로 "천치(bêtes) 같은 일"이다. "심지어 짐승(bêtes)조차 이를 안다."[11] 그가 말하려는 것은 인간이 동물에 대해 세우는 경계가 생각보다 허술할 뿐 아니라 다양한 경계 긋기가 이루어질 수 있다는 것이다. 실로 아메바와 문어, 물고기와 침팬지 사이에는 인간과 침팬지 사이보다 더 큰 거리가 있지 않을까? 데리다는 침팬지 같은 일부 영장류 동물의 경우 물음을 물을 수 있는 가능성까지 열어 두는 것처럼 보인다. 나아가 그는 인간들 사이, 그리고 심지어 한 개인 안에

[11] Ibid. p. 52.

도 다양한 경계 긋기가 이루어질 수 있다는 점을 잊지 않고 암시한다. 그가 제안한 '아니모(animot)'라는 말은 동물의 명명에 새겨진 폭력과 동시에, 유한한 생명체 각각이 갖는 환원 불가능한 복수성의 흔적 역시 담고 있다.

결국 데리다의 동물 사유는 인간과 동물의 경계에 서고자 노력하면서 그 경계에 대해 물음을 던질 뿐이며, 그런 만큼 그의 입지는 매우 가늘어 보인다. 동물(들)의 정체성도, 동물을 타자 삼아 수립해 온 인간의 정체성도, 그 누구의 정체성도 확고하지 않다면, 동물에 대해 우리는 누구의 이름으로 말해야 하는가? 인간중심주의의 상징적 폭력을 피하기 위해서인 양 데리다 자신은 동물에 대한 인간의 담론을 분석하는 데 그칠 뿐 동물에 대해 아무것도 말하지 않는다. 실천적 지침에서도 마찬가지다. '잘 먹어야 한다'라는 표제를 통해 그는 폭력을 기반으로 수립된 인류 문명 전체의 희생적 구조를 암시하는 동시에, 이 문명을 벗어난 계산 없는 무조건적 환대 역시 불가능하다는 것을 암시한다. 그러면서 채식주의자 같은 동물 해방 운동가의 자기만족을 뒤흔들려는 것 같기도 하다. 아무리 근본적일지라도 그들의 실천은 타협일 뿐이며 또 그래야 한다고. 그러나 희생의 불가피함을 이유로 그저 '잘 먹어야 한다'고 생각하는 벌거벗은 육식성의 태도에 대해서는 더 가혹한 비판의 시선을 던진다. 결국 동물 문제와 관련해서도 데리다는 그저 우리를 아포리로 인도할 뿐이다.

그러나 데리다의 어조는 냉소적이지 않고 차라리 뜨겁다. 나는 이 아포리를 사유와 실천을 교착 상태에 몰아넣는 마비제가 아니라 사태가 요구하는 높이만큼 긴장을 유지하게 하고 이 긴장으로부터 사유를 연쇄시키며 독특한 결단에 이르게 하는 각성제로 보고 싶다. 이 긴장이 왜 그렇게 중요한지는 오늘날 다른 인간 타자, 가령 여성에 대한 사유와 실천이 종종 빠지곤 하는 맹목으로 미루어 충분히 짐작할 수 있다.

김은주

그 소는 뭘 먹고 자랐을까?

윤병선

윤병선 건국대 글로컬캠퍼스 경영·경제통상학과 교수. 유엔농민권
리선언포럼 대표와 서울시 공공급식위원회 위원장 등을 맡고 있다. 현
대 농식품 체계의 문제와 대안 농식품 운동에 대해서 연구하고 있으며,
대표 저서로 『농업과 먹거리의 정치경제학』, 『푸드 플랜, 농업과 먹거리
문제의 대안 모색』 등이 있다.

[주요어] #소 #공장식축산 #푸드플랜
[분류] 경제학 > 농업경제학

"지난 몇십 년 동안 '소'와 '고기' 사이의
거리는 엄청나게 줄어들었다.
소의 쓰임이 오로지 빠른 시간에 살을 찌워
살코기가 질기지 않게 마블링이 잘 된
소고기를 만드는 데 있는 상황에서,
소에게 풀밭이나 논밭을 오갈 기회는 없다.
외양간과 논밭을 오갔던 예전의 소는
주로 풀을 먹고 자랐지만,
요즘 소는 옥수수나 콩을 원료로 만든
사료를 먹고 자란다."

역대 최장기 장마라는 기록을 남긴 올해 여름, 장마 기간에 수해를 입은 것은 사람만이 아니었다. 인간이 물난리를 피해 떠난 자리에는 불어난 강물을 피해 지붕 위로 올라간 소들이 있었다.

1960년대에도 큰 홍수 때 지붕 위로 올라간 소들이 신문에 보도되곤 했다. 그러나 지붕 위에서 내려온 소의 운명은 지금과는 사뭇 달랐다. 예전에는 주인을 만나 외양간으로 돌아온 소는 특별하게 마련한 여물로 원기를 회복하고 외양간과 논밭을 오가는 일상으로 복귀했다. 요즘은 상황이 다르다. 지난여름 구출된 소 중 한 마리는 축사로 돌아온 후 곧 도축되어 국밥용 고기로 팔려 나갔다.[1] 떠내려가지 않으려 지붕 위에 올랐는데, 그 결과 도축 시기가 앞당겨진 것이다. 지붕 위 소가 물난리는 피했지만 도축은 피하지 못한 이유는 그가 「축산물이력법」에 따라 귀표 번호가 부여된 식용 동물이기 때문이다.

　지난 몇십 년 동안 '소'와 '고기' 사이의 거리는 엄청나게 줄어들었다. 소의 쓰임이 오로지 빠른 시간에 살을 찌워 살코기가 질기지 않게 마블링이 잘 된 소고기를 만드는 데 있는 상황에서, 소에게 풀밭이나 논밭을 오갈 기회는 없다. 외양간과 논밭을 오갔던 예전의 소는 주로 풀을 먹고 자랐지만, 요즘 소는 옥수수나 콩을 원료로 만든 사료를 먹고 자란다. 지붕 위 소의 문제는 축산 농민의 눈물과 동떨어져 있지 않고, 이는 그렇게 길러진 소를 먹는 소비자에게까지 연결된다.

　먹거리 생산과 가공, 유통이 국경을 초월해서 연결되어 있는 세계 농식품 체계 속 소와 인간은 사료의 소비자, 먹거리의 생산자 및 소비자로서 복잡한 관계를 맺고 있다. 최근 식량위기에 대한 경고가 나오면서 사료곡물을 지속적으로 확보할 수 있을지에 대한 우려

[1]　이문영, 「살려고 오른 세상 꼭대기…… '지붕 위 그 소'는 어떻게 됐을까」, 《한겨레》 2020년 11월 14일 자.

윤병선

가 커지고 있다. 이 글에서는 소를 비롯한 가축은 누가 무엇으로 키우는지, 이러한 구조는 어떻게 만들어졌는지를 이야기하려고 한다.

공장식 축산 확산의 간략한 세계사

한국 축산업은 사료곡물을 수입해서 소를 먹이는 방식으로 성장했기 때문에 축산업의 발전은 곡물의 자급 능력을 해치는 결과로 이어지고 있다. 세계적으로 축산과 곡물의 연결고리가 강화된 것은 1960~1970년대 녹색혁명[2]의 확산과 밀접한 관련이 있다. 품종 개량과 기술 도입을 통해 생산량을 극대화하는 기술 및 관리 체계의 개발과 보급 결과 농업이 화학비료와 농약

[2] 녹색혁명(green revolution)은 쌀, 소맥, 옥수수 등 3대 작물의 다수확 품종, 관개, 화학비료와 농약, 그리고 이들을 결합하는 관리 기술을 구성 요소로 하는 일련의 기술 체계의 개발과 보급을 의미한다. 1940년대 초 록펠러 재단과 멕시코 농림부가 추진한 옥수수 재배 프로젝트에서 시작되었고, 이후 국제미작연구소에 의해 다수확 벼가 개발되면서 본격화되었다. 윤병선,『푸드 플랜, 농업과 먹거리 문제의 대안 모색』(울력, 2020) 참조.

에 의존하게 되면서 토양 오염과 겉흙 유실, 수질 오염 등의 환경 문제가 발생했지만, 단위 면적당 생산량은 증가했다. 이처럼 사료곡물 생산이 늘어나 '목초지 없는 축산'이 가능하게 되었다. 푸른 초원 위에서 한가롭게 풀을 뜯는 소떼들의 모습은 광고에만 등장할 뿐, 오늘날 소는 비좁은 축사에서 사료곡물을 먹고 자란다. 그렇지 않은 경우에도 도축되기 전 일정 기간 동안은 움직임이 최소화된 공간에서 사료곡물을 먹는 것이 일반적이다.

사료곡물 생산의 증가와 함께 1980년대 이후 농산물의 자유무역이 확대되면서, 공장식 축산과 계약영농의 결합을 중심으로 축산의 산업화가 본격화되었다. 한국의 축산업은 미국이나 아르헨티나, 브라질 등에서 생산된 사료곡물, 즉 옥수수와 콩에 의존하여 성장했다. 사료곡물의 대외 의존은 초국적 농기업, 특히 미국 농기업들의 직간접적 해외 진출과 맞물려 기계 및 설비, 약품 등에 대한 의존으로 점차 연결되었다. 더욱이 국경을 초월하여 먹거리의 생산·가공·유통으로 이어지는 전 과정을 지배하고 있는 초국적 농기업들은 어느 한 분야에 집중하여 사업을 특화하는 것이

아니라, 관련된 모든 분야에 진출하여 자신들의 지배력을 확대해 왔다.[3]

　　이러한 정치 경제적 맥락에서 한국의 농업과 먹거리 문제는 미국의 농업 정책과 분리해서 이야기하는 것이 거의 불가능하다. 해방 이후 한국전쟁 시기 미국의 「농산물 무역 촉진 원조법」에 따라 미국의 잉여 농산물이 한국에 다량 들어왔고, 이는 한국의 농업 생산 기반을 훼손하는 결과로 이어졌다. 이런 상황에서 미국은 1960년대 말 경제 위기를 해소하는 방편으로 잉여 농산물을 무상 원조하는 대신 상업 거래하기 시작했다.[4] 미국이 식량을 전략적으로 이용함에 따라 한국은 쌀과 보리 같은 주곡의 자급을 급히 서두르지 않을 수 없었다. 그러나 1970년대 중반 이후 주곡 자급이 이루어지자마자 외국산 농산물에 대한 수입을 개방하

[3]　대표적인 초국적 농기업인 카길(Cargill)은 곡물 유통업에서 시작해서 사료 가공, 축산, 도축, 가공, 수출 영역까지 진출해 먹거리 체계 내 전 단계에 걸쳐 지배력을 확대해 오고 있다.
[4]　미국의 곡물 수출량은 1950년을 기준으로 할 때 1960년대 말이 되어서야 2배에 달할 정도로 완만하게 증가하다가 이후 15년 동안 2배 반 이상 증가한다. 농산물의 수출이 급격하게 증가한 1970년대는 녹색혁명이 안착한 시기이기도 하고, 미국이 곡물 수출을 통해 국제 수지 적자를 메우려고 했던 시기이기도 하다.

면서 곡물뿐 아니라 미국산 소고기와 돼지고기의 수입도 이루어지기 시작했다. 1978년 '수입자유화 기본 방침'이 확정되며 4만 4000톤의 소고기와 9000톤의 돼지고기가 수입된 것을 신호탄으로 소비자의 식탁에 수입 육류가 낯익은 메뉴로 등장하게 되었다.

1980년대 후반부터 소고기 수입량이 급증(1985년 5000톤에서 1990년 8만 4000톤으로)하면서 1인당 소비량은 2.9킬로그램에서 4.1킬로그램으로 증가하고, 소고기의 자급률은 96퍼센트에서 52퍼센트로 급락하게 된다. 축산업이 수입 사료곡물에 의존하는 구조가 만들어진 것 역시 이 시기다. 농가 소득의 증대를 위해 축산 장려 정책을 펼친 정부가 사료곡물을 자급할 수 있는 기반을 소홀히 한 까닭이다. 농가 자급 사료의 비중은 1975년 61퍼센트에서 2018년 12퍼센트로 떨어졌다. 지금 한국은 EU, 일본, 멕시코, 사우디아라비아, 중국에 이어서 사료곡물을 미국으로부터 많이 수입하는 나라다. 미국의 사료곡물 수출 금액만 보면 한국은 캐나다, 멕시코, 중국, 일본, EU에 이어서 6위의 수입국이지만, 캐나다와 멕시코 및 EU는 미국으로의 농산물 수출이 많으므로 실질적으로 중국, 일본 다음 세 번

윤병선

째로 큰 고객인 셈이다.

녹색혁명으로 전성기를 맞이한 수입 사료곡물 의존형 축산과 이와 연결되는 밀집 사육형 축산은 한국의 농업에서 매우 중요한 위치를 차지하게 되었다. 국내총생산(GDP)에서 농림어업이 차지하는 비중이 1970년 29퍼센트에서 2019년 1.8퍼센트로 급락하는 동안, 축산이 농림어업에서 차지하는 비중은 8.9퍼센트에서 16.5퍼센트로 덩치를 키웠다. 2018년 기준 농업생산액 상위 5대 품목이 미곡(16.8%), 돼지(14.2%), 한육우(10.2%), 육계(4.5%), 우유(4.3%) 순인데, 이 가운데 축산 관련 품목이 네 개나 들어 있다. 2017년에는 돼지가 농업 생산액 상위 1위(15.2%)를 차지하기도 했다.

그러나 축산 부문의 높은 생산액이 그대로 축산 농가의 소득으로 연결되지는 않았다. 축산은 투입재와 사료비 등 농업 경영비 지출이 많은 까닭에 농업 소득률[5]은 낮다. 다만 농업 소득률이 낮더라도 경영 규모를 키워서 대응하는 형태로 규모화를 계속 진전시키는 악순환의 구조가 정착되었던 것이다.

[5] 판매 금액 대비 농업 경영비를 제외한 소득이 차지하는 비율을 말한다.

한국인의 밥상에
고기가 흔해지기까지

축산의 산업화가 본격화된 1983년과 비교하면 2018년 인구는 1.3배가 되었지만 같은 기간 동안 소 사육두수는 3.1배, 돼지 사육두수는 2.3배, 닭 사육두수는 3.6배로 뛰었다. 한육우는 역사상 최고치인 340만 두를 앞두고 있으며, 돼지는 1100만 두를 훨씬 넘었고, 닭도 2억 마리에 근접하고 있다. 농가가 축산에 치우친 농업 경영을 하게 된 가장 큰 이유로 축산이 논농사나 밭농사보다는 비교적 큰돈을 현금화하기가 쉽다는 점, 그간 가격 조건에서 유리했다는 점을 꼽을 수 있다. 예를 들면 소고기 가격은 1985년 500그램 기준 3600원에서 2018년 2만 2000원으로 6배, 돼지고기는 1750원에서 9500원으로 5.4배가 되었지만, 쌀 가격은 같은 기간 일반계 쌀 80킬로그램 기준으로 6만 5000원에서 17만 7000원으로 2.7배 수준에 머물렀다. 가축의 수가 늘어나는 동안 생산 형태도 바뀌었다. 농가의 부업 정도에 그쳤던 축산은 현재 전업 축산 농민이 주도하고 있다. 소와 돼지를 사육하는 축사의 밀집도도 높아졌다.[6]

윤병선

소와 돼지, 닭의 생산이 증가하면서 한국인의 식탁이 변화했다. 명절이나 제삿날에나 먹었던 고기가 일상의 메뉴가 된 것이다. 1980년 대비 2019년 소고기 소비량은 5배, 돼지고기 소비량은 4.5배, 닭고기 소비량은 6배로 증가했다. 1년에 도축되는 가축의 수는 소가 88만 7000두, 돼지 1782만 5000두, 닭 10억 6000만 두에 이른다.(2019년 기준)

[6] 1980년대 중반만 하더라도 20두 이상의 한육우를 사육하는 농가는 0.2퍼센트(1983년)에 불과했고, 이들의 사육두수는 전체의 5퍼센트에도 미치지 못했다. 그러나 2018년이 되면 20두 이상을 사육하는 농가가 40퍼센트에 이르게 되고, 이는 전체 사육두수의 85퍼센트 이상을 차지한다. 같은 기간 사육가구 수는 94만 가구에서 9만 8000여 가구로 거의 10분의 1 수준으로 크게 줄었고, 100두 이상 사육하는 농가의 수는 같은 기간 80여 가구에서 6400여 가구로 90배 정도 증가했다. 돼지 사육의 경우 1000두 이상의 사육 농가의 비중은 1980년대 중반에는 0.02퍼센트에 불과했으나 2018년에는 40퍼센트 가까이 되고, 이들의 사육두수 비중은 같은 기간 14퍼센트에서 90퍼센트로 늘어났다. '치맥'이 유행하는 동안 닭의 사육 환경도 바뀌었다. 1980년대 중반에는 닭을 1만 마리 이상 사육하는 농가가 사육농가의 0.17퍼센트에 불과했는데, 2018년에는 93퍼센트에 달하고 이들이 키우는 닭의 비중은 전체의 99퍼센트를 넘는다. 더욱이 대부분의 양계 농가는 하림과 같은 육계 기업과의 계약을 통해서 닭을 사육한다. 기업이 종계장을 통해 병아리를 공급하고 농가는 사육 관리를 담당하는 구조다. 이러한 과정 속에서 농민은 생산 과정에 대한 지배력을 잃게 되었고, 그 결과 기업과의 관계에서 교섭력을 거의 상실했다. 치킨값은 올라도 농민들에게 돌아가는 수취가에는 변함이 없는 구조가 만들어진 것이다.

그 소는 뭘 먹고 자랐을까?

[표 1] 1인당 연간 육류 소비량의 변화

연도	소고기	돼지고기	닭고기
1980	2.6kg	6.3kg	2.4kg
2019	13.0kg	26.8kg	14.8kg

(출처: 농림축산식품부, 「농림축산식품 주요통계」, 2020)

수입 사료 의존은 왜 문제인가?

한국 축산업의 규모는 비약적으로 늘었지만, 부작용도 컸다. 사료곡물을 수입에 의존하는 공장식 축산이 확대된 결과 축산과 논·밭농사의 선순환적인 관계가 파괴되었다. 축분이 거름이 되어 땅을 비옥하게 만들고, 그 땅에서 나온 작물이나 부산물이 다시 동물의 먹이가 되는 선순환의 구조가 단절된 것이다. 무엇보다 사료곡물 수입이 증가하면서 곡물 자급률이 급격히 떨어졌다. 전체 곡물 수요량 중에 53.9퍼센트가 사료용으로 사용되고 있는데, 옥수수의 경우 수요량의 93.8퍼센트, 콩의 경우 75.2퍼센트에 달한다. 사료곡물의 낮은 자급력으로 인해서 옥수수와 콩의 수입 물량은 대폭 늘어났다. 옥수수 수입량은 1970년 28만 4000톤에서 2019년 1076만 톤으로 40배 가까이 증가했고, 콩

[표 2] 한국의 식량 및 곡물 자급률(2019년, 잠정)

	합계	쌀	밀	옥수수	콩
곡물 자급률	21.0%	92.1%	0.7%	3.5%	26.7%
식량 자급률	45.8%	–	0.5%	0.7%	6.6%

(출처: 농림축산식품부, 「농림축산주요통계」, 2020)

수입량은 3만 6000톤에서 131만 2000톤으로 36배 이상 증가했다.

이처럼 사료곡물의 상당 부분을 수입에 의존하는 축산은 식량위기에 취약하다. 세계적인 식량위기가 닥쳤던 2007~2008년, 곡물 가격의 급등으로 사료값을 감당하지 못한 한 축산 농민이 자살했던 사건은 한국의 축산업이 국제 곡물시장의 변화에 얼마나 속수무책인지를 보여 주는 단적인 사례다.

또한 한국이 사료곡물을 주로 수입하는 미국과 브라질, 아르헨티나는 안전성에 관해 여전히 논쟁 중인 GM(Genetically Modified, 유전자 조작) 곡물을 생산하는 주요 국가들이다. GM 옥수수나 GM 콩은 발암 물질로 알려진 글리포세이트(glyphosate)를 주성분으로 하는 제초제에 내성을 가진 종자로 키운다. 제초제 내성이 있는 작물이라는 것은 그만큼 제초제를 많이 사용해서 키웠다는 이야기다. 1970년대 이후 초국적 농기업이 주도하여 만들어진 곡물-축산의 연결고리가 이제는 GM 농산물-축산으로 확대되고 있다. GM 사료 작물로 키운 소와 돼지, 닭이 고스란히 우리의 식탁을 점령한 것이다.

'소'는 '고기'만의 문제가 아니다

오늘날의 공장식 축산이 사회경제적 측면이나 생태적 측면에서 지속 가능하지 않다는 점에 많은 사람들이 동의한다. 밀집된 사육 환경에서 소와 돼지, 닭이 고통받고, 대규모 축사가 자리한 농촌은 악취와 축산 폐수로 인한 수질 오염으로 몸살을 앓고 있다. 대규모 곡물 생산에서 배출되는 탄소는 곡물사료를 먹고 자라는 축산동물이 발생시키는 메탄을 포함해 대기 오염의 주원인이다.

현재 축산업의 문제가 곡물-축산이 연계된 구조 속에서 발생한 만큼, 문제를 해결하기 위해서는 이 연계 고리를 끊지 않으면 안 된다. 무엇보다 비용이 적게

윤병선

든다는 이유로 농업과 자연의 순환을 무시했던 방식에서 벗어나야 한다. 청보리와 같은 풀사료를 재배해서 수입 사료곡물에 대한 의존도를 줄이고 자급 사료의 생산을 확대해 나가야 한다. 현재 GM 사료가 아닌 국내산 사료로 키운 가축을 소비자생활협동조합 등을 통해 공급하는 농가들이 상당수 있다. 또한 작물 생산과 축산을 결합한 경축 순환 농업을 확대하려는 노력이 여러 지역에서 이루어지고 있다. 화학비료 대신 축분을 이용하고, 이 축분을 이용하여 농작물을 재배하고, 이를 가축의 사료로 활용하는 방식은 축산 분뇨로 인해 발생하는 문제들을 해결하는 방법이기도 하다.

이러한 대안 축산의 시도들이 확대되어 우리의 식탁으로까지 연결되기 위해서는 추가적인 비용이 필요하다. 자급 사료, 경축 순환, Non-GM 사료, 동물복지, 무항생제 등의 사육 방식이 늘어나기 위한 전제 조건은 소비자들이 기꺼이 지불할 수 있는 가격 수준이 높아지는 것이다. 요컨대 소고기를 먹으려면 지금보다 비싼 가격을 지불해야 한다는 사회적 공감대가 필요하다. 변화를 만들어 내고자 하는 농가들의 노력에 대한 소비자들의 지지와 응원이 될 것이다. 이는 식탁에 올라오는 먹거리에 대한 우리의 관심을 확장하는 일이기도 하다. 우리에게 연민 또는 무관심을 불러일으키는 '지붕 위 그 소'는 뭘 먹고 자랐을까? 그 모든 먹거리는 어디에서 왔을까? 지붕 위로 올라간 소의 눈망울은 '고기' 이상의 것을 우리에게 이야기하고 있다.

윤병선

낙태는 여성의 권리다

전윤정

전윤정　　　서울대 사회학과에서 석사, 박사학위를 받았고 국회입법조사처에서 여성권익, 여성고용 분야 업무를 담당하고 있다. 여성정책, 성·재생산권, 여성노동, 젠더 등에 관심을 가지고 있으며 낙태죄 개정에 관한 논문으로 「성·재생산권리를 위하여: 낙태 제도 변동의 쟁점과 방향」, 「한국 일가족 양립 정책의 가족주의와 변동, 1987~2015: 시계열 분석을 중심으로」 등을 썼다. 최근에는 텔레그램 N번방 사건에 대한 디지털성범죄 대응 정책 마련과 낙태죄 폐지 이후 재생산권 보장과 임신·출산 제도 마련을 위한 구체적인 입법·정책 과제 등을 모색하고 있다.

[주요어] #재생산권 #성적사회계약 #여성의개인화

[분류] 여성학 > 법여성학

"현대 사회에서 여성은 여전히
재생산 책무를 강하게 부과받는
개인화되지 못한 존재로 인식되며
경제적으로 보조적인 위치에 놓여 있다.
여성을 출산 도구로 자원화하는 사회에서 벗어나,
노동하는 존재이자 임신·출산·육아 등
재생산 활동을 자유롭게 결정하는 존재로서
여성의 권리를 보장해야 한다."

지난 2019년 4월 11일 헌법재판소는 낙태를 처벌하는 「형법」 제269조와 270조가 임신한 여성의 자기결정권을 침해한다고 판단했다.[1] 태아의 생명 보호라는 법익에 바탕을 두는 낙태 처벌이 여성의 자기결정권을 지나치게 제한하므로, 이를 조정해야 한다는 입장이었다. 그런데 낙태죄[2] 관련 조항이 있는 「형법」 및 「모자보건법」 개정안이 개정 시한(2020년 12월 31일) 안에 통과되지 못하면서, 「형법」의 자기낙태죄, 의사에 의

[1] 헌법재판소, 2019년 4월 11일 선고, 2017헌바127결정.
[2] 「형법」에서는 '낙태(落胎)', 「모자보건법」에서는 '인공임신중절'이라 하는데 이 글은 현행법상 낙태를 논의하므로 맥락에 따라 두 용어를 번갈아 쓰기로 한다. 이 글은 전윤정, 「성·재생산권으로서 낙태권리를 위하여」, 《페미니즘연구》 20-1(2020)를 바탕으로 수정·보완했다.

한 낙태죄가 효력을 잃고 사실상 낙태죄가 사라지는 상황을 맞게 되었다.

제도상 낙태죄는 '태아의 생명권'과 '여성의 자기 결정권'이 경합하는 상황으로 이해된다. 여성은 자신의 몸에서 일어나는 일을 태아의 살 권리를 침해하지 않는 범위에서 결정해야 하고, 이를 넘어서면 여성의 행위는 처벌된다는 것이다. 이러한 구도에 따라 여성의 낙태 허용 사유, 기준과 절차는 법 규범 속에서 판단되고, 이는 현실에서 여성의 몸, 임신, 출산에 대한 강한 통제로 이어진다. 그런데 과연 여성의 몸, 임신, 출산에 대한 결정을 여성이 아닌 제삼자가 판단하는 것이 가능한가? 누가 이를 정할 수 있을 것인가?

한국 사회에서 여성의 낙태는 복잡한 차원에서 사유해야 하는 문제다. 낙태 문제를 제대로 보기 위해서는 여성의 몸에 개입해 온 국가와 사회 정책의 역사를 파악하고, 임신과 출산을 법과 현실의 작동 원리 속에서 이해해야 한다. 이 글은 국가의 재생산 통제와 인구 정책이 여성의 임신·출산 능력을 동물적인 자원으로 전유한 역사를 고찰한다. 이로써 근대 산업사회의 토대로 간주되는 사회계약이 어떻게 여성을 예속시켰는

전윤정

지, 그리고 여성이 자신의 몸에 대한 선택의 자유와 재생산 권리를 누리기 위한 방향은 무엇인지 모색해 보고자 한다.

17세기 서구 중상주의에서 전후 한국의 산업화까지, 동물적 여성관의 현대사

인간을 그저 국가를 위한 원자재이자 노동자, 번식하는 동물로 보는 관점은 자본주의의 태동기로 거슬러 올라간다. 이탈리아 출신의 사상가 실비아 페데리치는 17~18세기 동안 지속되었던 유럽의 인구 통제 정책으로 인해 여성은 자궁=출산노예(동물)로 전락했고, 여성의 신체는 노동력을 재생산하고 노동 인구를 확대하는 동물적 기구로 취급되었다고 지적한다.[3] 일반적인 임금 노동과 분리된 재생산 노동을 담당하는 여성

[3] 실비아 페데리치, 황성원·김민철 옮김, 『캘리번과 마녀: 여성, 신체 그리고 시초축적』(갈무리, 2011); Federici, Silvia, *Caliban and the Witch: Women, the Body, and Primitive Accumulation*, New York: Autonomedia, 2004).

의 몸은 모성의 역할과 함께 가정에 가두어졌으며, 노동 시장에서 비(非)전업, 비노동자, 보조적 노동자로 자리매김했다. 이것이 근대적인 성적 사회계약의 탄생이며, 여성의 세계사적인 패배라 할 수 있는 사건이다.[4] 평가 절하된 재생산 노동은 국가와 사회, 가족의 간섭과 통제하에 놓이게 되었고, 남녀 간의 불평등한 권력관계가 정치, 경제, 사회, 문화적으로 지배적인 것이 되었다. 이로부터 여성이 노동 시장에서 온전한 개인으로 평가받기 위해서는 우선적으로 임신, 출산, 육아와 같은 재생산 노동과 무관하다는 것을 입증해야만 하게 되었다.

유럽 중상주의의 팽창 시기에 마르틴 루터는 여성이 "인류를 늘리는 데 필요"하며 "여성은 그들이 가진 온갖 약점을 전부 만회하는 한 가지 덕성을 가지고 있는데, 바로 자궁을 갖고 있으며 출산할 수 있다는 것"이라고 말한 바 있다.[5] 17세기 후반에는 유럽의 모든 국

[4] 캐롤 페이트먼, 이충훈·유영근 옮김, 『남과 여, 은폐된 성적 계약』 (이후, 2001).
[5] King, Margaret L., *Women of the Renaissance*(Translated from the Italian, The University of Cicago press, 1991).

가가 인구를 늘리기 위한 광적인 욕망을 드러내며 식민지 정복, 노예 무역, 빈곤 부랑자 동원, 출산 권장 등 노골적인 정책들을 추진했다. 이 시기 성관계에 대한 감시, 비밀 출산의 금지, 낙태 금지법 도입 등 여성의 임신과 출산을 통제하는 정책들이 만들어졌다. 18세기 프랑스와 잉글랜드에서는 공공 구호 정책과 함께 일련의 출산 권장 조치를 취했다. 결혼 장려금이 지급되고 독신자를 처벌하는 법령이 만들어졌으며, 재산 증여와 노동 인구 재생산을 뒷받침하는 (정상) 가족의 중요성이 부각되기도 했다. 국가적인 인구 통계가 만들어졌고 피임·미혼모출산·낙태에 대한 처벌 조항이 제정되었으며, 출산과 무관한 성관계, 영아 살해 등에 대해 가혹한 처벌을 가하기 시작했다.[6]

서양이 수백 년에 걸쳐 통과한 근대화를 압축적으로 겪었던 개발 독재 시기 한국 역시 경제 성장을 위한 강력한 인구 통제 정책을 펼쳤다. 국가는 인구의 과잉에 따른 빈곤 탈출, 경제 활동 인구를 안정적으로 뒷받침할 정상 가족 담론의 확산 등을 목표로 인구 재생산

[6] 실비아 페데리치, 앞의 책, 143~144쪽.

에 적극적으로 개입하며 여성의 임신과 출산을 통제했다.[7] 당시 「형법」상 제269조와 270조에서 부녀자의 낙태는 전면적으로 금지되어 있었지만 가족 계획 사업 시기에 「모자보건법」에서 정한 윤리적 사유, 범죄적 사유, 의학적 사유에 한해 임신 중절이 제한적으로 허용되었다. 국가는 관련 법령을 피임, 출산 조절에 활용했고 인구 조절과 재생산 통제에 어느 정도 성공했다. 당시 정부의 적극적인 권장 속에서 임신 중절 수술은 1984년 50만 건, 1990년 40만 건, 1996년 23만 건으로 광범위하게 시행되었다. 그럼에도 형법상 낙태죄 규정은 여성들에게 낙태는 범죄라는 죄책감을 불러 일으키고 동의 없는 낙태에 대한 남성의 보복 수단으로 악용되면서 여성의 신체에 대한 강력한 규범적 통제로 작동하고 있었다.

우리 사회에서 낙태가 형벌 규정으로 작동하고 낙태 금지 담론이 규범적으로 확산되기 시작한 배경은 장기적인 저출산과 지속된 경기 침체다.[8] 초저출

[7] 배은경, 『현대 한국의 인간재생산: 여성, 모성, 가족계획사업』(시간여행, 2012).
[8] 통계청 자료에 따르면 1980년대 저출산 국가로 전환한 한국은 출

산이 장기화되자 정부는 사문화된 낙태죄를 부활시키고 출산 장려 정책을 강화했다. 사회는 인구 감소의 위기가 마치 여성의 저출산 때문인 것처럼 출산을 지연시키고 회피하는 여성들의 전략을 비난했고,[9] 낙태를 금지한 형법은 현실에서 다시 위력적으로 작동하기 시작했다. 2009년 프로라이프(pro-life) 산부인과 의사들은 불법 낙태 근절 성명서를 발표하고 낙태 관련 양심 선언과 생명 존중 관련 자체 사업을 진행하면서 불법 낙태 시술 병원을 제보하고 형사 고발했다. 2010년 3월 정부는 보건복지부를 중심으로 「불법 인공임신중절예방종합계획」을 발표하며 낙태에 대한 단속과 처벌을 강화했다. 한편 임신·출산 지원 정책이 적극적으로 이루어졌으며, 출산 장려금, 여성 난임 지원, 다자녀 출산 지원, 취약 계층의 임신·출산 지원, 아동 양육 지원, 모성 지원 사업 등이 확산되었다.

이 시기 임신과 출산 여부를 선택할 여성의 재생

산율이 1987년 1.53, 2005년 1.09, 2019년에는 0.93으로 지속적으로 하락하여 세계 최저 출산율을 기록하고 있다.
[9] 배은경, 「현재의 저출산이 여성들 때문일까?: 저출산 담론의 여성주의적 전유를 위하여」, 《젠더와문화》 3-2(2010).

산권은 사실상 박탈되었고, 낙태를 매우 어렵게 하는 사회적 조건이 형성됐다. 실제로 수능을 앞둔 여고생이 임신 사실을 말하지 못하여 숨지기도 했고, 이전 배우자나 남자친구가 낙태를 이유로 여성을 위협하여 고발하거나 처벌을 받게 하는 등 낙태죄를 악용하는 사례들이 나타났다.

재생산권이란 무엇인가

이처럼 여성의 임신과 출산은 인구 재생산 정책하에서 법적, 사회적, 의료적 개입의 대상이었다. 이에 저항하며 여성의 성을 둘러싼 사회관계와 권력관계에서 몸, 성관계, 피임, 낙태, 임신, 출산 등에 대한 여성 자신의 통제권을 '재생산권'으로 개념화하고 여성의 자기결정권 확보를 위해 싸운 것은 바로 페미니스트들이었다.[10]

재생산권이란 성과 재생산 건강 및 권리(Sexual and Reproductive Health and Rights, SRHR)를 말한다. 여성이 성관계, 피임, 임신, 임신 중절, 출산, 양육에

---

[10] 하정옥, 「낙태에 대한 형사처벌의 시대착오: 건강권-사회권-인권 실천의 국제적 합의를 중심으로」, 《의료와사회》 8(2017), 64~79쪽.

관해 결정할 권리를 포함하는 재생산권은 여성의 삶의 맥락에서 성과 재생산에 관해 가지는 종합적인 건강 권리다. 이러한 성·재생산권은 1994년 카이로 국제 인구 개발 회의(International Conference on Population and Development, ICPD)에서 처음 부각되었다. 카이로 ICPD는 성·재생산권을 "모든 커플과 개인 들이 자녀의 수, 터울, 시기를 자유롭고 책임 있게 결정할 수 있는 기본적 권리 및 그 권리를 행사할 수 있는 정보와 수단, 그리고 가장 높은 수준의 성적·재생산적 건강을 누릴 권리"로 정의했다. 이는 사람들이 만족스럽게 안전한 성·재생산 생활을 할 수 있고, 그들이 가진 재생산 능력을 언제, 어떻게, 얼마나 활용할 것인지를 결정할 자유가 있음을 포함한다. 즉 재생산권은 "남성과 여성이 선택한 자녀 계획의 안전하고 효과적이고 감당할 수 있고 수용할 수 있는 방법에 대해 충분히 설명을 들을 권리와 그것에 접근할 권리, 그들이 선택한 출산력 조절의 법률에 반하지 않는 다른 방법과 자녀 계획의 방법을 그들 자신의 선택에 따라 접근할 권리와 여성이 안전하게 임신과 출산을 할 수 있도록 그리고 커플들에게 건강한 신생아를 가질 최선의 기회를 보장하

도록 적절한 건강 관리 서비스에 접근할 권리"[11]가
된다.

재생산권 개념에 따르면 현재 우리 사회에서 이슈가 되고 있는 낙태는 임신 중절에 대한 허용과 절차 구성, 기간과 사유에 대한 조합 방식, 범죄화와 비범죄화론 등으로 단순화될 수 없는 사회 제도적 문제로 확장된다. 여성의 몸, 성·재생산 권리, 보건·의료 현실, 양육과 노동을 위한 사회적 조건 등을 포괄하는 삶 전반에 걸친 의제가 되는 것이다. 여성의 생애 전반에 영향을 미치는 재생산 활동은 안전과 건강을 최우선으로 고려한 자기 결정에 따라야 하고, 차별받지 않아야하며, 충분한 사회적 지원과 의료적 지원, 정서적 지지 속에서 이루어져야 한다. 국가는 여성이 임신·출산·낙태·육아 등을 결정할 때 안전하고 신속한 절차, 지식, 정보가 마련된 환경에서 판단할 수 있도록 돕는 재생산 시스템을 마련해야 한다. 구체적으로 임신·출산 전담 병원, 낙태 클리닉, 임신·출산·임신중단 상담소, 공공 서비스 지원, 급여 지원 방안 등을 공적 제도로 고

[11] 앞의 글, 72쪽에서 재인용.

려할 수 있을 것이다. 이때 상담 절차와 지원 방식은 임부의 숙고와 결정을 규제하고 출산을 장려하는 조치가 아니라, 충분한 정보와 보건 의료 자원을 제공하는 것이 중심이 되어야 한다. 임신·출산에 관한 상담 절차를 두고 있는 독일, 프랑스, 핀란드 등의 사례를 면밀히 검토해서 상담원 또는 의사가 출산이나 낙태를 장려하거나 강요하는 일을 사전에 방지할 수 있도록 해야 한다. 이 모든 과정에서 여성의 신체, 성·재생산 활동에 대해 자기결정권을 보장한다는 원칙, 다시 말해 임신과 출산을 결정하는 주체는 오직 임부 본인이라는 원칙이 견지되어야 한다.

여성의 재생산권과 함께 노동권을 보장하라

국제 사회에서 여성의 재생산 활동은 과거 인구 조절 정책하의 형벌 규정적 접근, 보건 의료적 접근에서 벗어나 점차 건강과 안전의 문제로 재구성되고 있다. 최근 낙태죄를 폐지한 뉴질랜드의 법무장관은 "지난 40년간 범죄로써 다루어졌던 낙태죄는 이제 정확히 (여성) 건강의 문제로 고려될 것이다."라고 말한 바 있다.[12] 이제 한국 사회도 임신한 여성의 시각에서 성·재생산권을 보장하고 안전한 의료 환경과 서비스를 제공하는 재생산 제도를 마련해 나가야 할 것이다.

이때 여성의 재생산권과 노동권의 양립을 적극적으로 모색해야 함을 강조하고자 한다. 「모자보건법」에 따라 임신과 출산에 대한 모성의 책무만이 강요되었던 여성에게 신체적 권리와 더불어 노동하는 개인으로서의 경제사회적 권리는 간과되어 왔다. 현대 자본주의 사회에서 노동은 쉽게 포기할 수 없는 존재적 기반임에도, 여성은 여전히 개인화(individualization)되지 못한 존재로 인식되며 재생산 책무를 강하게 부과받는다. 그로 인해 여성은 경제적으로 보조적인 위치, 남성과 가정에 종속된 불완전한 위치에 놓인다.[13] 여성의 낮은 경제 활동 참여율, 뚜렷한 경력 단절 현상, 30~40대 자녀를 가진 여성의 낮은 취업률, 초저출산

[12] Roy, E. A. 2020. "New Zealand passes landmark law to dicriminalise abortion". *The Guardian* 2020. 3. 18. https://www.theguardian.com/world/2020/mar/18/new-zealand-passes-landmark-law-decriminalise-abortion(검색: 2020년 12월 7일).

전윤정

의 장기간 지속 등은 단순히 임신, 출산, 육아 지원 정책만으로는 해결할 수 없는 한국 사회의 복잡한 문제를 드러낸다. 여성을 출산의 도구로 자원화했던 사회에서 벗어나, 노동하는 존재이자 임신과 출산, 육아 등 재생산 활동을 자유롭게 결정하는 존재로서 여성의 권리를 보장하는 사회로 나아가야 한다.

[13] 울리히 벡·엘리자베스 벡 게른스하임, 강수영·권기돈·배은경 옮김, 『사랑은 지독한 그러나 너무나 정상적인 혼란』(새물결, 1999), 21~38쪽.

옛사람의
호랑이 생각

심경호

심경호　　충북 음성에서 태어나 서울대 국문과와 동 대학원 석사과정을 졸업했으며 일본 교토대학 문학박사 학위를 취득했다. 현재 고려대 한문학과 교수로 재직하고 있다. 역사 속 인물들과 저작들을 공부하다 보면 인간의 한계를 새삼 절감하게 되고, 그렇기에 한계를 알면서 분투한 인물들이 무척 가깝게 여겨진다. 기회가 될 때마다 그 아름다운 실패를 이야기하려고 한다.

저서로 『김시습 평전』, 『한국 한문 기초학사』(전 3권), 『자기 책 몰래 고치는 사람』, 『내면기행: 옛사람이 스스로 쓴 58편의 묘비명 읽기』, 『안평: 몽유도원도와 영혼의 빛』 등이 있다. 역서로는 『심경호 교수의 동양 고전 강의 논어』, 『금오신화』, 『역주 원중랑집』(공역), 『한자 백 가지 이야기』, 『서포만필』, 『삼봉집』 외 다수가 있다.

[주요어] #호랑이 #호환마마 #맹자

[분류] 한문학 > 조선중기연구

"인간과 동물의 본성에
차등이 없다는 것이 한국 지성사 속
동물론의 한 귀결이라면,
인간은 동물이 지닌 야만의 성격도
공유한다는 뜻이 될 것이다.
인간은 호랑이 처녀의
사랑하는 마음을 가지는가,
호랑이 오라비들의
포악한 습성을 가지는가?"

눈물 흘리는 호랑이의 형상

한국의 고대 문학은 호랑이와 곰으로 시작한다. 민족 사상의 근저에 놓인 단군 신화에 호랑이와 곰이 등장한다. 몽고 침략에 저항하는 국난의 시기에 일연 등은 『삼국유사』(1281년경 엮음)를 편찬하면서 단군 신화를 가장 먼저 소환해 책의 첫머리에 두었다.

단군 신화에서 호랑이는 인간이 될 수 없는 국외자요 패배자다. 그런데 『삼국유사』는 「김현이 호랑이를 감동시키다(金現感虎)」에서 호랑이에게 다시 주역을 맡겼다. 신라 청년 김현은 늦은 밤까지 탑돌이를 하다가 뒤따르는 처녀와 정을 통했다. 그런데 처녀는 알고 보니 호랑이인 게 아닌가. 이루어질 수 없는 사랑 앞에 둘은 눈물 흘리며 헤어지고, 처녀는 사람 잡아먹는 세 오라비 대신 하늘의 벌을 받는다. 이 이야기에서 호랑이는 처녀의 오라비들처럼 인간에게 해악을 끼치는 존재다. 하지만 호랑이 처녀는 인간과 사랑을 나눌 수 있고, 다른 호랑이들을 위해 자신을 희생하는 존재로 부각되어 있다. 우리 민족의 전설 속에 거의 다시 등장하지 않는 곰과 달리 호랑이는 야만의 지대에서 이쪽을 기웃거리며 두려움을 야기하는데, 구수한 이야기 속에서 인간이 '감동시키는' 행위에 의해 선한 존재가 될 수 있다. 그런데 그것이 호랑이의 본성인가? 인간이 인간에게 바라는 규범적 패턴을 투영시켜 본 것에 불과하지 않은가?

이 글에서는 한국의 지성사 속 동물론의 간략한 지도를 그려 본다. 문헌 속 호랑이의 유비적 속성과 실제 호랑이의 본성 사이에는 간극이 존재한다. 유교와 불교라는 거대 사유체계의 흡인력 안에서 인간과 동물의 관계에 대한 옛사람들의 생각은 어떤 논리 구조를 축으로 삼았는지 살펴보고자 하는 것이다.

심경호

동물을 사랑하는 것과
동물을 죽이는 것

무소유를 실천했던 방랑자 김시습(金時習, 1435~1493)은 우리 지성사에서 사상의 계파에 구애되지 않으면서 사상의 육화(肉化, incarnation)를 정면으로 문제 삼았던 유일한 사상가다. 언젠가 남긴 논문 「생물을 사랑하는 것에 대하여(愛物義)」는 한국의 지성사에서 동물과 인간의 관계를 논리적으로 논한 첫 번째 글이다. 한자로 물(物)은 객관사물, 타자로서의 인간, 피지배층, 생물, 동물 등 문맥에 따라 여러 가지로 사용되는데, 김시습의 이 글에서 생물은 동물을 가리키는 말이다. 글은 어떤 이와 '나'의 문답 형식이다.

어떤 이가 물었다.

"생물을 사랑하려면 어떻게 해야 하는가?"

나는 이렇게 답했다.

"저마다 자기 본성을 따라 살아가게 해야 한다. 『주역』에 '천지의 가장 큰 덕은 생(生, 살아가게 함)이다.'라고 했다. 생물을 사랑하는 일이란 살아가려고 하는 생물의 본성에 근거하여, 천지가 만물을 낳고 낳는 큰 덕을 본받아서, 생물로 하여금 저마다 그 본성을 완전히 발현하여, 깊은 애정과 두터운 은택 속에서 성장하게 두는 것이다. ……

다만 주의할 점이 있다. '백성은 나와 동포요, 생물은 나와 함께한다.'라고 했다. 이 말처럼 사람이 먼저이고, 생물은 그다음이다."

김시습의 설명에서 '생물로 하여금 저마다 그 본성을 완전히 발현하게 한다.'라는 말은 너무나 원론적이기만 하다. 생물의 본성은 인간의 관점에서 보면 선도 있고 악도 있지 않은가? 그렇기에 어떤 이는 쉽게 납득하지 못한다. 저 호랑이의 해악에 어떻게 대처해야 하는가? '나'는 그래서 "백성은 나와 동포요, 생물은 나와 함께한다."[1]라는 유명한 테제를 환기한다. 그 두 마디는 실은 병렬적으로도 파악할 수 있고 상보적으로도 부연할 수 있다. 하지만 '나'는 "사람이 먼저요, 생물이 다음이다."라고 선후 관계이자 층위의 구

[1] 장재(張載), 「서명(西銘)」. "民吾同胞, 物吾與也."

조로 보았다. 인간을 중핵에 놓고 친소의 관계를 겹겹의 원을 그려나가 종과 종을 구획하는 동심원의 원리로 인간과 생물을 구분한 것이다. 그리고 『맹자』에 나오는 "군자는 생물에 대해서는, 사랑하기는 하여도 어질게 대하지는 않는다. 백성들에 대해서는, 어질게 대하기는 하여도 친족같이 대하지는 않는다."[2]라는 말로 그 동심원의 원리를 재확인한다. 어질게 대함이란 무엇인가? 이때 『맹자』에 나오는 "그물눈이 촘촘한 그물을 웅덩이와 못에 넣어 작은 고기를 잡지 못하게 하면, 생선과 자라를 이루다 먹을 수 없을 만큼 잡을 수 있다."[3]라는 말이 인증된다. 즉 어질게 대한다고 해서 반드시 죽이지 않는 것은 아니며, 죽인다고 해서 모두 잡는 것을 이득이라 여기는 것이 아니다. 주희(朱熹)는 『맹자』의 이 구절에 "천지자연의 이로움에 기초하여 준절(撙節) 애양(愛養)하는 일이다."라고 주석했

[2] 『맹자』「진심(盡心) 상」 제45장. "君子之於物也, 愛之而不仁. 於民也, 仁之而不親."
[3] 『맹자』「양혜왕(梁惠王) 상」 제3장. 이는 『주역』「계사하전(繫辭下傳)」 제2장과 통한다. "끈을 묶어서 그물망과 어망을 만들어서 사냥하고 고기를 잡으니, 대개 리괘(離卦, ☲)에서 발상을 얻은 것이다.(結繩而爲網, 以田以漁, 蓋取諸離.)"

다. 다시 말해 생물을 절도에 맞게 사용하고 생물을 사랑하여 길러 준다는 뜻이니, 인간에게 생물 이용의 절대적 권리를 인정하되 남용을 억제하도록 권하는 말이다. 인간과 생물 사이에는 건너뛸 수 없는 벽이 존재하므로.

그런데 '나'는 불교에 한쪽 다리를 담그고 있는 사람이다. 그렇기에 대화 상대는 의문을 갖는다. "불교 경전에서는 죽이지 않는 것을 계율로 삼았다. 그것이 참으로 선하지 않은가?" '나'는 대답한다. "짐승을 죽이는 것은 백성들에게 해로운 것을 제거하여 백성을 기르기 위한 일이다. 백성들을 굶주리게 해서 서로 먹게끔 만들면서 죽이지 않는다고 말하면, 그것이 무슨 좋은 일이란 말인가?" 인간에게 해악을 끼치는 짐승은 죽일 수 있다! 그 근거는 무엇인가? 인간에게 해악을 끼치는 악한 인간은 죽일 수 있다, 아니 그 악한 인간이 무간 지옥에 떨어질 업보를 저지르지 않도록 그를 죽일 수도 있다는 관점이다. 인도의 미륵이 짓고 당나라 현장이 한문으로 번역한 『유가론(瑜伽論)』에 보면, 악한 중생들이 무간업(無間業)을 짓게 놓아둘 수 없으므로 보살은 악한 이의 목숨을 끊는다고 했다. 이는

심경호

무죄일 뿐 아니라 오히려 복을 받는 일이라는 것이다. 이것이 보살의 무염무위법(無染無爲法)으로, 세간의 인연 관계를 떠난 순수한 진리의 법이라는 뜻이다. 차별과 친소를 중시하는 유가의 동심원 관념과는 다른 차원의 해설이지만, 인간을 위해 생물을 죽일 수 있다는 점에서는 유가의 관념과 소통할 여지를 지닌다.

고려의 천책(天頭, 1206~?)은 국자감 시절 동문이자 비서성(秘書省) 소감(少監)으로 있는 민호(閔昊)가 몽고와의 전쟁으로 황폐해진 나라를 중흥할 방도에 대해 물어 오자, 천태종에 귀의하여 불력으로 나라를 일으키라고 권유하는 답장을 보냈다. 환몽의 인간 현실을 초극하려고 했지만, 몽고의 침략을 받고 있고 민란이 빈발하여 왕권이 위태로운 현실 상황을 좌시할 수 없었다. 살생을 금하는 불법에서도 정의의 살생을 정당화하는 논리를 예비해 두었던 역사적 사례다.

개에게도 부처의 마음이 있을까? 동물과 인간의 윤리적 구별 짓기

성호(星湖) 이익(李瀷, 1681~1764)은 스스로를 '천한 사람'이라고 했는데, 조정의 정치에 간여하지 않고 향촌에 머무는 자라는 뜻이다. 또한 "보기를 잘하는 자는 무슨 물건이든 눈에 닿는 데 따라 깨닫는 것이 있다."라고도 했다. '보기를 잘하는 천한 사람'으로서 이익은 생활 주변의 사물에 대해 관찰하고, 그 사물에 관한 종래의 문헌 내용을 검토하며 하나하나 고증해서 『성호사설』을 이루었다. 오늘날로 말하면 생물학자와 문헌학자 사이에 있었던 셈이다.

이익은 장편시 「바닷새가 떠나다(鶂鶋行)」에서 1731년 안산 바닷가에 거대한 새가 왔다가 떠난 사실을 두고 인간중심의 사유에 의문을 두었다. "새를 기르는 방식으로 새를 기르라."라고 말한다.[4] 그러나 여전히 새는 '길러야'하는 타자이다. 『성호사설』의 여러 항목에서 이익은 경험 관찰을 통해 생물의 속성을 확인한 후 유비적 언술로 전화시켰다. 「금수는 아비를 알

[4] 이는 『장자』「지락(至樂)」의 다음 이야기에 바탕을 두고 있다. "바닷새가 노나라 교외에 내려앉자 노나라 제후가 그 새를 사당에 모셔 놓고 구소(九韶)의 음악을 연주하고 태뢰(太牢)의 성찬을 올렸는데, 새는 어리둥절한 눈빛으로 근심하고 슬퍼하며 고기 한 점 술 한 잔 먹지 못한 채 사흘 만에 죽고 말았다. 이는 자기(사람)를 기르는 방식으로 새를 기른 것이지 새 기르는 방식으로 새를 기른 것이 아니다."

지 못한다(禽獸不知父)」항목은 다음같이 정반합의 길고 긴 물음을 이어 나간다.

세상에서 말하기를, "새와 짐승은 어미가 있는 줄은 알면서 아비가 있는 줄은 알지 못한다."라고들 한다. 그러나 집을 짓고 사는 새들은 집을 만들고 알을 품을 때부터 벌레를 물어다 먹이고, 키우는 데에 이르기까지 암컷과 수컷이 함께 온갖 애를 쓰지만, 새끼가 커서 제대로 날고 쪼아 먹게 되면 아비만 알지 못할 뿐 아니라, 어미조차 서로 잊어버린다.

세상에서 까마귀를 반포조(反哺鳥, 자식이 커서 부모를 봉양하는 새)라고 한다. 여러 가지로 조사해 보았더니, 까치와 참새도 이와 같은 것이 있었으나, 다만 많이 보지는 못했다. 까마귀도 반드시 다 그렇지는 않을 것이고 혹시 타고난 효성에 따라 반포하게 되었을 뿐일 것이다.

집에 기르는 닭, 오리, 소, 말, 개, 돼지 따위를 보면 암컷과 수컷의 분별도 없으니, 새끼 기르는 데 아비가 간여하지 않음은 형세상 자연히 그렇지 않을 수 없다. 가령 개와 닭 따위를 억센 매가 움켜 가고 사나운 호랑이가 물어 가는 피해가 없어서 그것들을 공한(空閑) 지대에 놓아먹이고 저절로 생겨나고 자라게 한다면 반드시 암컷과 수컷의 분별은 있을 것이다. 개와 닭이 떼를 지어 노는 것을 보면, 암놈과 숫놈이 서로 교접할 때는 조금 가리는 점이 있다. 그렇지 않은 것은 모두 버릇이 습성으로 된 것이다. 이로 본다면, 사람으로서 지각이 아름답지 못한 것은 모두 가르쳐 인도하기를 제대로 하지 못한 결과다.

『성호사설』에는 동물의 생태를 비유로 들어 인간현실을 비판한 내용이 상당히 많다.[5] 이것은 근본적으로 인간 본성과 동물 본성이 같고, 인간과 동물이 '행동의 규범적 패턴'을 공유할 수 있다는 전제에서 추론한 결과다. 규범적 패턴이란 인간에게 윤리가 있듯이 동물에게도 동물의 구성체를 건전하게 유지하는 규범이 있다는 것을 전제로 하는 말이다. 주희는 동물에

---

[5] 『성호사설』의 전범으로 명나라 왕기(王圻) 『속문헌통고(續文獻通考)』(1586년 엮음) 254권 가운데 제23권 「절의고(節義考)」 '의물과(義物科)'가 있다. 이익은 이를 보완하여 『일로전사(一路全史)』를 만들려고 기획하기도 했지만 미처 실행하지는 못했다.

심경호

게 '행동의 패턴'이 있다고 인정하되 '행동의 규범적 패턴'이 있다고 단정하지는 않았다. 하지만 이익은 동물을 인간 윤리의 관점에서 바라보아 그들 사이에 인간 사회의 윤리와 같은 것이 존재한다고 간주한 셈이다.

주희에 따르면, 인간, 동물, 식물은 모두 생기를 지니므로 생명 없는 자연물과 구별된다. 그런데 인간과 동물은 혈기와 지각을 지니는 데 비하여 식물은 생기만 있고 혈기와 지각은 없다. 인간과 동물을 비교하면 사람은 인의예지신(仁義禮智信)이라는 오상(五常)의 성품을 온전하게 지닐 수 있다. 인간은 마음이 허령(虛靈)하고 도리(道理)를 포괄하며 무소불통하므로 지각이 전지전능하다. 물론 인간을 보면 기품의 차이에 따라 차등이 있다. 하지만 인간은 수양을 통해 선천적인 도덕성을 되찾을 수 있다. 주희는 인간과 동물은 생명을 지니고 있다는 점에서는 동일하지만, 인간과 동물의 윤리적인 위상이 동일할 수는 없다고 보았다. 이익도 동물 행동의 규범적 패턴이 인간의 지혜와는 상이하다는 점을 말하여, 동물과 인간 사이에 차등을 두기는 했다. 하지만 이익은 동물에게서도 인간과 같은 행동의 규범적 패턴을 찾아내려고 고심했다.

한편 불교에서는 인간과 동물을 유정계(有情界)에 귀속시키고, 식물과 무생물을 무정계(無情界)에 귀속시킨다. 유정계는 윤회의 세계에서 업을 쌓으며 살아간다. 따라서 불교의 세계관에 따르면 동물에게는 인간과 마찬가지로 불성(佛性)이 있다. 그런데 조주(趙州) 선사(778~897)는 개의 불성에 관해 이렇게 답했다.

"개에게도 부처의 마음이 있습니까, 없습니까?"
"없다."

이 선불교의 공안을 두고 후대의 무문(無門) 선사(1183~1260)는 이렇게 평했다. "선을 탐구하려면 옛 선생들이 세워 놓은 장벽을 뚫어야 한다. 도를 깨달으려면 자기가 갖고 있는 차별심을 버려야 한다. 그 장벽을 뚫지 않고 차별심을 버리지 못하는 사람은 모두가 초목에 숨어 있다가 나타나곤 하는 귀신들이다." 장벽이란 바로 '무(無)'라는 공안이다. 조주 선사가 붓다의 말씀에 거역하고 개에게 불성이 없다고 한 공안을 타파하면, 일체 무명(無明)이 녹아내리고 자유로워질 수 있다고 한다. 조주 선사가 '없다'라고 한 말은 개를 포함한

심경호

동물류에 불성이 있고 없고를 논하는 존재 판단의 언사가 아니다. 분별심의 흐름을 정지시키는 할(喝)이다.

조선 시대에 동물과 인간의 본성에 관한 진지한 논의는 이른바 호락논쟁에서 찾아볼 수 있다. 조선 후기의 당파 가운데 노론은 서울 부근의 낙론(洛論)과 충청 지역의 호론(湖論)이 갈려, 인간과 동물의 본성이 같은지 그른지에 관하여 길고 긴 논쟁을 벌였다. 낙론은 인간과 동물의 본성이 같다고 주장하고, 호론은 인간과 동물의 본성이 같지 않다고 주장했다. 현재까지 역사학의 주류 설명에 따르면, 낙론이나 호론이나 청의 만주족을 동물로 보는 것은 마찬가지였다. 낙론은 중원의 본래 주인인 한족이나 소중화의 조선 민족과 비교할 때 만주족도 그 본성이 같다고 인정함으로써 청의 문화를 긍정하는 논리로 전화(轉化)시켰다고 한다. 이는 인간과 동물의 본성론을 아무 매개 없이 '중앙'과 '변두리'로 환치하는 문화주도론인 것일까? 인간과 동물을 동심원상에 차등적으로 배치시켜 온 주자주의 관념을 비판하고, 동물의 지각과 본성에 대해 새롭게 성찰하려는 움직임을 반영한 것은 아닐까?

좋은 호랑이, 나쁜 호랑이
또는 진짜 호랑이

박지원의 「호랑이의 꾸짖음(虎叱)」에서 호랑이는 백수의 왕이자 영험한 동물로, 개를 먹으면 취하고 사람을 먹으면 조화를 부린다. 호랑이는 인간 가운데 가장 순결한 존재를 먹어 보려고 길을 나서, 똥통에 빠진 북곽선생을 마주친다. 똥통은 상징적이다. 인간 가운데 가장 순결한 존재로 포장된 도학자 북곽선생은 사상을 몸으로 살지 않고 남을 '기만'하고 권력자에게 '아첨'하는 위선자이다. 북곽선생의 실체를 간파한 호랑이는 그 '더러운 것'을 먹지 않고 버려두고 떠나간다. 하지만 이 호랑이를 과연 영험하다고 할 수 있을까? 호랑이는 창귀(倀鬼, 호랑이에게 물려 죽은 인간이 화한 무기력한 귀신으로, 일종의 좀비다)가 일러주는 잘못된 정보를 따를 따름이다. 호랑이의 윤리적 행동은 인간의 바람이 투영된 것이거나, 인간에게 기만당해 강요된 작태다.

한편 '가정맹어호(苛政猛於虎)'라는 성어가 있듯이 호랑이는 해악의 동물로도 인식되어 왔다. 가정이란 혹독한 정치를 말한다. 혹독한 정치가 호랑이보다

　　　　　　　　심경호

무섭다고 하여 정치와 호랑이를 비교했으니, 호랑이는 절대악을 상징한다. 호랑이에게 입은 피해를 호환(虎患)이라고 한다. 조선의 국왕들은 호환에 대처하기 위해 부심했다. 특히 조선 초기에는 호랑이를 잡기 위해 당번을 두었고, 세종 때는 전문 군사를 착호갑사로 배정하여 각 도에 횡행하는 호랑이를 잡도록 했다. 조선 후기의 숙종 때는 착호갑사의 규정을 더욱 세세하게 개정했다. 조선 후기의 신광수(申光洙)는 「남호인제문(囕虎人祭文)」에서 호랑이에게 잡아먹힌 사람이 창귀가 되지 않도록 그 영혼을 어루만져 주었다. 조선 시대에는 호랑이가 산골마을만이 아니라 궁성에 들어와 궁녀를 잡아가기도 했다. 사도세자가 대리청정하고 있을 때 궁중에 호랑이가 든 적도 있다.

조선 시대에 호랑이는 공포의 대상이었다. 페르낭 브로델이 쓴 『물질문명과 자본주의』에 1765년 프랑스 제보당(Gevaudan)에 출현한 늑대에 대한 기록이 있다. 서양인들이 늑대로부터 인간 문명을 지켜야 했듯이, 조선 시대의 사람들은 호랑이로부터 문명을 지킬 필요가 있었다. 인간은 얼마나 미약하게 세계를 장악하고 있었던가!

인간과 동물의 본성에 차등이 없다는 것이 한국 지성사 속 동물론의 한 귀결이라면, 인간은 동물이 지닌 야만의 성격도 공유한다는 뜻이 될 것이다. 신광수는 지방의 관민이 맹호를 잡으러 나가기 앞서 성황당에 제사 지낼 때 읽을 제문인 「성황엽호제문(城隍獵虎祭文)」에서 수령들이 민생을 위해 호랑이를 잡는다고 하면서 실제로는 백성들의 노동력과 재력을 고갈시켜 고통을 안겨 준다는 사실을 비판했다.

인간은 호랑이 처녀의 자애심과 사랑하는 마음을 공유하는가, 호랑이 오라비들의 포악한 습성을 공유하는가? 이 또한 지극히 인간중심적 사유이다. 칸트가 자기애의 관점을 원죄보다 지독한 죄악으로 여겼듯이, 인간중심적 사유 또한 벗어나기 어려운 지독한 죄악이다. 하지만 지금 이 시대에는 적어도 각자가 '절제하는' 마음을 지키는 것만으로도 만족해야 하지 않을까?

심경호

어깨걸이극락조 그리는 법

그리는 법

이상훈

이상훤 두 번째 개인전을 앞둔 화가이자, 실천적 재료학을 표방한
기획 강연 '단단한 바탕'의 주체이다. 주로 그림을 그리지만, 필요하다
면 글도 쓴다. 화가와 그림과 관객을 잇는 '두 가지 어둠'과 '두 가지 색
상'의 실체 파악에 주력하고, 그림의 바탕인 '캔버스'의 완벽함을 추구
한다. 이 모두는 회화의 태생적 한계 너머의 새로움을 찾기 위함이다.

[주요어] #회화 #미술재료 #물감
[분류] 미술 > 미술재료학

"앞가슴의 깃털과 머리의 장식깃은
도무지 특정할 수 없는 색을 띤다.
머리에 달린 장식깃은
평소 그다지 눈에 띄지 않지만,
수컷의 과시 행동이 이 장식깃을
바짝 치켜세워 두 눈으로 바꿔 버린다.
눈처럼 번쩍이는 이 두 개의
동그라미야말로 수컷 어깨걸이극락조를 위한
화룡점정이다."

동굴 벽화의 흔적에서 자연도감의 삽화에 이르기까지, 인류는 수많은 동물을 다양한 목적으로 그려 왔다. 특유의 화풍으로 유명한 영국의 국민 화가 데이비드 호크니(David Hockney)도 그중 한 명이다. 각별한 동료였던 헨리 게르트잘러(Henry Geldzahler)의 죽음이 남긴 상실감을 극복하고자 호크니는 1994년에서 1995년까지 닥스훈트 스탠리와 부기를 그렸고, 40여 점에 달하는 그림은 1998년에 『도그 데이스(Dog Days)』라는 화집으로 출간되었다. 호크니와 달리, 나는 8년을 함께한 포메라니안 구야를 한 번도 그린 적이 없다. 시도했으나 번번이 관두었고, 그때마다 자문해 보았다. 왜 그랬을까? 그 의문을 풀어 준 동물이 있었으니, 경외

심마저 품게 하는 작은 새 '어깨걸이극락조'이다.

　　수컷 어깨걸이극락조는 유별난 이름에 걸맞은 특이한 생김새를 맘껏 뽐내는 구애의 화신이다. 이 새를 향한 랜선 너머의 평가가 가히 인상적이다. "낙서 같은 새 ㅋㅋ" "이거 합성한 사람 누구?" 절로 고개가 끄덕여지는 감상평에 한마디 보태자면, 이 새는 특정 각도에서 반달돌칼을 쏙 빼닮았다. 이런 반응을 자아낸 이미지 대부분은 알고 보니 넷플릭스 다큐멘터리 「새들과 춤을(Dancing with the Birds)」(2019)의 화면 캡처였다. 다큐멘터리는 뉴기니섬과 중남미에 서식하는 아홉 마리의 수컷 새(어깨걸이극락조, 기드림극락조, 검은낫부리극락조, 열두줄극락조, 불꽃바우어새, 맥그레거바우어새, 기아나루피콜새, 창꼬리무희새, 캐롤라여왕극락조)를 소개한다. 이 중에서도 나를 단번에 사로잡은 수컷 어깨걸이극락조를 그리려면 무엇부터 시작해야 할까?

첫째, 대상의 이름 살펴보기

생물 분류 단계(종⊂속⊂과⊂목⊂강⊂문⊂계)를 고안한 사람은 스웨덴의 식물학자 카를 폰 린네(Carl von Lin-

　　　　　이상훈

né)다. 계통분류학의 시조인 린네는 1758년 저서『자연의 체계』[1]에서 이명법(二名法)을 선보였다. 이명법이란 대문자로 시작하는 속명(屬名)을 먼저 적고, 소문자로만 이뤄진 종명(種名)을 이어 적는 생물학의 학명 표기법이다. 라틴어 표기가 원칙인 이명법에서 어깨걸이극락조는 '로포리나 수페르바(Lophorina superba)'가 된다. 오직 하나의 생물종만 가리키는 이명법은 어깨걸이극락조와 여타의 모든 극락조를 철저히 구분한다. 그런데 분류 대상의 물리적 특징, 그중에서도 특히 형태를 중시한 린네의 이명법[2]은 정작 어깨걸이극락조 암수를 구분하지 못한다. 그저 참새 비슷하게 보이는 암컷과, 구애에 한창인 숫컷 간의 아득한 차이는 바로 특이한 생김새에서 비롯된다. 수컷의 외형은 암컷과의 만남을 전후로 확연히 나뉜다. 암컷을 만나기 전의 수컷은 그저 까마귀처럼 검고, 까치처럼 총총대는 작은 새다. 어딘가의 짝을 향해 쉴 새 없이 지저귈 뿐인 이

[1] 초판은 1735년에 나왔지만, 기념비적인 10판(1758년)에서 이명법을 발표한다.
[2] P.H. Davis, V.H. Heywood, *Principles of Angiosperm Taxonomy*(London: Oliver & Boyd. 1963), p. 17.

작은 새는 암컷이 다가오면 변신을 거듭한다. 이 변신의 결과가 바로 많은 이들을 매혹한 수컷 어깨걸이극락조의 또 다른 모습이다. 요컨대 종명만으로는 구분되지 않는 이 차이(이 경우 성적 이형이라 부른다.)야말로 수컷 어깨걸이극락조를 그리고픈 강력한 동기가 된다.

화가의 일은 규정하기 나름이다. 그림을 그리는 화가의 일을 '옮기다'라는 말로 잠시 살펴보자. '화가는 먹음직스러운 사과를 화폭으로 옮겼다.' 같은 문장이 성립한다는 점에서 화가는 '옮기는 사람'이라 불려도 괜찮을 것이다. 화가는 많은 것을 옮긴다. 그 대상은 크게 존재하는 것과 부재하는 것으로 나뉘고, 그것을 옮기려면 (존재하는 것에 대한) 관찰과 (부재하는 것에 대한) 상상이 필요하다.

그런데 이런 관찰과 상상 또한 손에 쥘 도구가 없다면 그저 머릿속에 머무를 뿐이니, 결국 화가의 일은 재료의 준비에서 시작되는 셈이다. 재료는 그려질 대상을 따르는 편이니, 평상시 수컷 어깨걸이극락조라면 4B 연필 한 자루(와 지우개)로도 충분할 것이다. 윤곽선을 그리고 그 안을 칠해 보자. 이렇게 그려진 작고 검은 새는 참새나 암컷 어깨걸이극락조와 별반 다르지

이상훈

않은 한 마리 평범한 새다. 그러나 암컷 앞에서 변신을 거듭해 '낙서, 합성, 반달돌칼' 등의 평이 붙은 수컷 어깨걸이극락조의 진면목을 옮기려면 또 다른 재료가 필요하다.

둘째, 대상의 색상 정하기

수컷 어깨걸이극락조에게는 '두 쌍의 눈'과 '세 쌍의 날개'가 있다. 네 개의 눈과 여섯 개의 날개라니, 경외할 만하지 않은가? 사실 수컷에게 추가된 한 쌍의 눈은 머리의 장식깃[3]이고, 추가된 두 쌍의 날개는 앞가슴과 등 위쪽의 깃털이다. 선명한 이미지로도 온전히 전달하기 어려울 어깨걸이극락조를 글로 전하기란 안타까운 일이다. 특히 색상에 관해서라면 곤란하기까지 하다. 등 위쪽의 검정 깃털은 말 그대로 검은색이다. 반면 앞가슴의 깃털과 머리의 장식깃은 도무지 특정할 수 없는 색을 띤다. 머리에 달린 장식깃은 평소 그다지 눈에 띄지 않지만, 수컷의 과시 행동이 이 장

[3] 조류 따위에서 날기 위하여 붙어 있기보다는 몸치장을 위하여 붙어 있는 아름다운 깃.

식깃을 바짝 치켜세워 두 눈으로 바꿔 버린다. 눈처럼 번쩍이는 이 두 개의 동그라미야말로 수컷 어깨걸이 극락조를 위한 화룡점정이다. 파란색, 청록색, 초록색, (금속성의 질감을 띤) 빛나는 파란색, 빛나는 청록색, 빛나는 초록색. 동그라미를 채울 색상은 저 여섯 가지 색일 수도 있고, 그 사이사이에 숨은 또 다른 색일 수도 있다. 정할 수 없는 색과 너무나 확실한 검은색의 형용할 수 없는 대비는 내게 경이를 넘어 두려움을 선사한다. 저러한 색상 대비는 화폭에서 절대로 구현될 수 없기 때문이다.

　　화가의 관점은 그가 사용하는 도구의 형편에 크게 좌우된다. 이런 생각은 "목수는 연장을 탓하지 않는다."라는 격언과 정면으로 부딪친다. 물론 화가의 필요에 따라 새로운 재료가 등장하기도 하고, 아무리 좋은 재료를 사용한들 내 그림이 「모나리자」가 되지는 않는다. 하지만 18~19세기에 걸쳐 제작된 수컷 어깨걸이극락조의 그림[4]은 나의 주장을 뒷받침하는 뚜렷한

[4]　영국의 조류학자 레이섬(John Latham, 1740~1837), 프랑스의 자연사 화가 프레트르(Jean-Gabriel Prêtre, 1768~1849), 독일의 자연사 화가 볼프(Joseph Wolf, 1820~1899)의 그림이 대표

근거다. 이 새의 독특한 생김새에 매료된 이가 어디 한 둘이었겠는가. 다양한 그림과 도판에 등장한 수컷 어깨걸이극락조의 모습은 내가 아는 그 새와는 사뭇 다르다. 저들의 닮았지만, 엉터리 같은 깃털 색은, 당시의 재료 수준을 여실히 드러낸다. 캔버스, 물감, 붓으로 대표되는 서양화 재료는 크게 선묘 도구와 채색 도구로 나뉘는데, 후자를 대표하는 물감은 수컷의 두 눈을 채워 줄 오늘의 또 다른 주인공이다.

물감은 피그먼트(pigment, 안료)[5]와 바인더(binder)[6]를 섞은 혼합물이다. 전자는 물감의 색상을, 후자는 물감의 종류를 결정한다. 그런데 임의적인 물감의 이름은 참으로 다양했으니, 발명자('셸레' 그린)를 기리고, 성분('카드뮴' 레드)을 드러내며, 때론 원산지('터키시' 브라운)와 선적항('솔페리노 레이크')을 특정하는 제품명은 심지어 화가의 용도('언더페인팅' 화이트)나 재현 대상('스카이' 블루)을 제 이름으로 삼기도 했다.[7]

적이다.

[5] 색을 띠는 불용성(不溶性)의 가루. 즉 액체에 (잘) 녹지 않는다.

[6] 가루 상태의 안료를 종이나 캔버스에 흡착시키는 것. 가령 유채 물감의 바인더는 각종 기름이다.

[7] M. D. Gottsegen, *The Painter's Handbook 2nd edition*

백 번 양보해서 '스카이' 블루가 지시 대상인 '하늘'의 색을 반영한 이름이라 치자. 그러나 나머지 다섯 색상은 수식어만으로는 각각의 색상이 전혀 떠오르지 않는다. 이렇듯 중구난방인 표기는 오늘날 다수의 물감 라벨에서 여전히 확인된다.

물감 용기에는 라벨이 붙어 있다. 해당 물감의 다양한 정보가 빼곡히 들어찬 이 라벨은 실패 확률이 높은 옮기기에 도전하는 화가에게 의외의 중요한 수단이 된다. 라벨에는 '제품명'과 함께 반드시 '컬러 인덱스 (CI)'[8]가 병기된다. 제품명이 제조사의 지극히 자의적 호칭이라면, 컬러 인덱스는 미국섬유화학염색자협회(AATCC)와 영국염료염색학회(SDC)가 공동으로 관리하는 일종의 색상 참조 데이터베이스다. 오직 하나의 생물종을 가리키는 린네의 이명법이 분류학의 표준이듯, 하나의 색상을 가리키는 컬러 인덱스는 국제 색상 표준의 하나이다. 그렇기에 원하는 색상의 물감을

(New York: Watson-Guptill. 2006), p. 135의 일부를 문맥에 맞게 의역했다.
[8] 컬러 인덱스는 이름과 숫자로 구성된다. 울트라마린 블루(Ultramarine Blue)의 CI명은 PB. 29, CI 넘버는 77007이다.

　　　　　　　　이상훈

찾을 때에는 이를테면 캐리비언 블루라는 제품명이 아닌, 해당 제품의 컬러 인덱스인 PB 16을 반드시 확인해야 한다.

수컷 어깨걸이극락조 채색에 작은 도움이 될 두 가지 추가 정보를 나누고자 한다. 먼저 리스트다. 아래 나열된 열두 개 물감은 2020년 기준, 국내외 물감 제조업의 최신 동향을 반영한 최선이자 최소의 구매 항목이다. 경이로운 앞가슴의 깃털과 머리의 장식깃을 옮기려면, 지금 당장 화방으로 가서 묻지도 따지지도 말고 컬러 인덱스가 PB 15:1, PB 15:3, PB 16, PB 28, PB 33, PB 36, PG 7, PG 36, PG 50, PW 4, PW 6, PBk 7인 물감을 구매하길 바란다. 이렇게 손에 쥔 물감을 어떻게 칠하는 게 가장 좋을까? 여기에서 확실하게 말할 수 있는 것은 물감 혼합의 문제다. 물감 혼합의 득실은 간명하다. 색깔을 얻고 맑기를 잃는다. 열두 개의 물감은 물감 하나에 피그먼트 하나만 사용된, 그야말로 단일색[9]이다. 즉 이들 물감끼리 아무리 섞어

[9] 물감 하나에 피그먼트 하나일 경우 '단일색'이다. 물감 하나에 피그먼트 둘 이상일 경우 '1차 혼합색'이다. 개별 피그먼트 개수와 무관한, 물감과 물감끼리의 혼합 결과는 '2차 혼합색'이다. 이 모두는 나의 개인적

봤자 리스트의 PB 33이나 PG 50이 될 수는 없다는 말이다. 수컷 어깨걸이극락조의 깃털과 장식깃을 옮길 목적이라면, 열두 개 물감 각각은 다른 어떤 물감과도 결코 섞어 사용하면 안 될 것이다.

셋째, 그림 재료의 원료 생각하기

수컷 어깨걸이극락조의 앙증맞은 부리 안을 뒤덮은 노랑은 온몸을 뒤덮은 검정 깃털을 만나, 결코 그냥 지나칠 수 없는 또 다른 대비를 이룬다. 이처럼 다른 색을 돋보이게 하는 검은색은, 두 개의 죽음과 연결된다.

　사람들에게 검은색은 죽음과 애도를 상징한다. 그러나 어떤 동물에게 검은색은 곧 그 자신의 죽음 자체다. 수컷 어깨걸이극락조의 그림 속 검은색, 컬러 인덱스 PBk 9는 주로 아이보리 블랙(Ivory Black)이나 본 블랙(Bone Black)으로 불린다. 이 물감을 만들기 위해 코끼리 상아는 쉼 없이 으깨지고 절구질을 당한다. 그렇

분류이며 이는 작업 성향에 기인한다. 본문에서 단일색이라 칭한 열두 개의 물감은 나머지 두 혼합색에 해당하는 물감들에 비해 발색이 우수하고 채도가 월등히 높아 수컷 어깨걸이극락조의 깃털 묘사에 적합하다.

게 뽀얀 가루가 된 상아는 오랜 시간 가열한 결과 검은 숯가루가 되어 다양한 바인더와 뒤섞인다. 상아의 반출과 반입이 엄격히 제한된 이후로 이름 모를 동물들의 뼈가 그 자리를 대신해 왔다.[10]

우리는 오늘도 알게 모르게 동물을 소비한다. 화가도 마찬가지다. 토끼 가죽은 캔버스를 만들 때, 다람쥐와 담비의 털은 붓을 만들 때 사용되어 왔다. 그렇다면 물감 제조에 사용된 동물들의 면면은 어떠할까? 망고 잎을 먹인 소의 농축된 오줌으로 만든 인디언 옐로(Indian Yellow)와, 연지벌레에서 추출한 붉은 색소로 만든 카민(Carmine)은 색료 생산이 부진했던 시절 자연이 선사한 '천연' 물감이었다. 그런데 색을 향한 끝없는 집착을 상징하는 동물은 따로 있다. 임페리얼 퍼플(Imperial Purple)로도 불리는 티리언 퍼플(Tyrian Purple)은 바다 고둥류(Sea Snail)의 배설물로 만든 보랏빛 가루다. 이름에서 알 수 있듯 황제의 예복을 묘사할 때 사용된 이 진귀한 가루는 1그램을 만드는 데 고둥

[10] 코끼리의 상아가 사용된 진짜 아이보리 블랙 물감도 여전히 시판되지만 천연(genuine)이라는 표기가 따른다. 주문 제작 방식으로 극소량이 유통되며 가격 또한 매우 비싼 편이다.

1만 마리가 필요하다. 더 놀라운 사실은 가격이다. 저 고둥의 배설물은 2020년 12월 기준 0.25그램에 약 112만 원으로 1그램당 448만 원인 것이다. 이러한 티리언 퍼플은 내광성(耐光性, 빛에 견디는 성질)이 현저히 낮은 염료에 불과하지만, 특정한 목적 아래 오늘날에도 여전히 사용되고 있다. 고둥이 사용된 어떤 그림의 복원은, 고둥이 아니면 곤란하기 때문이다.

이렇듯 어제의 화가가 남기고 간 동물의 흔적은 시간이 지날수록 오히려 점점 더 선명해진다. 비록 재료의 수준은 낮았으나, 연장 탓을 하지 않는 목수의 마음으로 이를 극복한 과거의 화가들에게 몇몇 동물은 그저 또 다른 재료에 지나지 않았다. 그렇다면 오늘의 화가는 어떠한가? 속도는 더딜지언정 미술 재료 산업 역시 발전을 거듭했다. 이에 따른 제조 기술의 향상은 곳곳에서 확인된다. 우선 수컷 어깨걸이극락조의 검정 깃털을 옮기는 데 필요했던 수많은 상아와 뼈는 오늘날에는 전혀 필요치 않다. 너무나 투명한 나머지 자신이 검다는 사실을 종종 잊고 마는 아이보리 블랙은 PBk 7로 대체할 수 있다. PBk 7, 즉 카본 블랙이야말로 의심의 여지가 없는 칠흑빛 검은색이다. 또한 캔버

이상훈

스 제작의 필수 과정인 사이징[11]에 동원되었던 수만 장의 토끼 가죽은 아크릴 수지 몇 병으로 당장에 바꿀 수 있다. 다람쥐 털 붓과 담비 털 붓 또한 마찬가지다. 둘은 합성 인조모 붓으로 바꿀 수 있고, 아예 처음부터 특정한 동물 털을 모방한 인조모 붓이 생산된 지도 오래다.

이러한 재료 생산 기술의 발전에 힘입어 결국 동물은 오롯이 바라볼 대상일 테니, 지금이야말로 작고 검은 새의 파란 또는 청록 또는 초록 두 눈에 집중할 때다. 동물을 그려 본 적 없는 나의 온 신경을 곤두세운 어깨걸이극락조는 여전히 매력적이고, 이를 옮기는 화가의 일은 곧 시작될 참이다. 닮았지만 엉터리 같아도 괜찮고, 그저 아무 상관없이 엉터리 같아도 괜찮을 것이다.

[11] 캔버스에 국한된 사이징(sizing)의 실질적 의미는 다음과 같다. 캔버스 천의 무수한 작은 구멍을 특정한 용액을 발라 메운 뒤, 그 위에 칠해질 물감이 캔버스 천 뒤로 새는 것을 방지하는 작업. 아크릴 수지가 개발되기 전까지 사이징 작업에 사용된 가장 대표적인 재료는 토끼 가죽이었다. 토끼 가죽을 수차례 고아 우려낸 아교를 캔버스 천에 발라 쓴다.

새들이
살 수 있는 곳

정진우

성진우 조류학/생태 연구자. 시골에서 태어나 자라며 자연을 연구하는 학자가 되고 싶었고, 대학 시절 우연히 들어간 야생조류연구회 활동을 하다 새가 좋아졌다. 젠투펭귄과 턱끈펭귄의 번식 생태 연구로 박사 학위를 받았다. 2011년부터 2019년까지 남극에 총 아홉 번 방문하면서 남극 동물의 생태 연구를 진행했고 『착한 펭귄 사나운 펭귄 이상한 펭귄』을 썼다. 2019년 국립생태원 멸종위기종복원센터로 자리를 옮겨 현재는 우리나라의 멸종위기종에 대해 연구하고 있다.

[주요어] #탐조 #멸종위기종 #서식지
[분류] 생명과학 > 조류학

"산림이 넓은 곳으로 통과했더라면
관찰하기 어려웠을 새들이
도심 속 좁은 녹지 섬에 모여든 탓에
쉽게 관찰할 수 있었다.
서울을 지나는 새들에게는
그나마 먹이를 구할 수 있는 곳이었을 것이다.
탐조하는 나에게는 좋은 일이었지만,
과연 이 새들 입장에서도 도심 속 녹지가
서식지로서 좋은 조건의 공간이었을까?"

내가 근무하는 곳은 경상북도 영양에 있다. 가족들은 경기도에 살고 있어 주말마다 차를 타고 오가며 차창을 통해 주변 환경을 관찰한다. 300킬로미터가 넘는 먼 거리를 달리다 보면 농경지, 하천, 산림이 연속적으로 바뀌어 간다. '여기는 떼까마귀들이 많이 오겠구나!' '여기는 수달이 살기 좋아 보이는걸!' '여기는 예전과 많이 바뀌었네.' 같은 내 나름의 평가를 내리며, 어떤 생물들이 살아가고 있을지 상상해 본다. 국립생태원 멸종위기종복원센터 서식지보전연구팀에서 내가 맡은 역할이 멸종위기 동물의 서식지 연구이기 때문이다.

서식지(habitat)란 생물들이 살아가는 공간을 뜻한다. 생물이 살아가기 위해서는 먹이와 물, 적절한 쉼터 그리고 이러한 것들이 제공되는 바탕 공간이 필요하다. 생물들은 저마다 적응해서 살아온 적합한 서식지가 있고, 서식지의 환경이 변화하면 그곳에서 사라지거나 다른 장소로 이주한다. 환경은 과거부터 서서히 변화되어 왔으며 지금도 변화하고 있다. 그에 따라서 자연스럽게 생물들도 변화했다. 그런데 인간이 출현하면서 변화의 속도가 빨라졌다. 급격한 인구 증가는 생물 서식지의 침범을 의미한다. 인간은 동물과 달리 주어진 환경에 만족하지 않고 더 많은 인구 부양과 더 편리한 생활을 위해 자연을 변형시켰다. 산을 허물어 집을 짓고 농경지를 만들어 인간의 서식지로 만드는 과정, 즉 역사 속에서 필연적으로 많은 생물들의 서식지가 변형되고 사라졌다.

개체수가 감소한 종들 중에는 특단의 조치를 취하지 않으면 조만간 사라져 버릴 생물종들이 많다. 바로 멸종위기종들이다. 멸종위기종의 서식지를 보전하기 위해서는 어떻게 해야 하는가? 요즘 내가 고민하는 주제다.

해빙을 선택한 북극곰,
대나무를 선택한 판다,
바다를 나는 펭귄

북극곰은 숨을 곳 없는 환경에 적응해 눈처럼 흰색 털을 가지게 되었고, 수 킬로미터 밖에서도 냄새를 맡을 수 있는 후각이 발달해 주 먹이인 물범들이 쉬는 곳을 찾아다니며 북극에서 살아남았다. 판다는 육식동물의 소화기관을 가지고 있지만, 초식동물로 오해받을 정도로 대나무만 먹는 극단적인 방식으로 현재까지 살아왔다. 대나무를 쥐기 쉽게 발가락까지 변화했지만, 소화하기 힘든 대나무만 먹다 보니 먹어야 하는 양이 엄청나다. 남극의 펭귄은 육상 포식자, 비행조류와의 경쟁을 피하는 대신 극한 환경을 선택했다. 차가운 바닷속을 날 수 있도록 두꺼운 지방과 빼곡한 깃털을 장착해 남극에서 살아남았다. 북극곰, 판다, 펭귄은 극단적인 사례이지만, 모든 생물은 이처럼 오랜 시간에 걸쳐 서식지의 특성에 맞게 적응해 온 것이다.

북극의 넓은 해빙을 서식지로 선택한 북극곰은 환경 변화로 곧 멸종할 위기에 처해 있다. 북극곰의 사냥 방식은 단순한데, 해빙의 구멍에서 기다리다 숨을 쉬거나 휴식을 취하러 얼음 위로 올라온 물범을 잡는 것이다. 지구온난화로 북극의 기온이 올라가 해빙 면적이 매년 감소하고 있는 상황[1]에서 북극곰의 먹이터 또한 급격히 감소하고 있다. 이에 북극곰들은 기존에는 잘 먹지 않던 조류의 알을 노리거나, 사람의 거주지까지 침입하고 있다. 2018년에는 급기야 관광선에 접근하다가 사살되는 일까지 일어났다. 한편 판다는 중국의 일부 지역에서만 살아남아 개체수가 급감하다가 사람들의 서식지 보호 노력으로 일부나마 명맥을 유지하고 있다. 단절된 서식지를 연결하고, 판다 서식지의 절반 이상을 보호지역으로 지정하여 훼손을 막은 것이다.

나는 2011년부터 9년간 남극 환경의 지표종인 펭귄을 연구했다. 펭귄의 가장 중요한 먹이원은 남극크릴인데, 남극크릴의 연간 생산량은 전 지구의 인간 몸무게를 합친 데 달할 정도로 엄청난 양이다.[2] 크릴이

[1] Vihma, Timo. 2014. "Effects of Arctic Sea Ice Decline on Weather and Climate: A Review." *Surveys in Geophysics* 35(5), pp. 1175~1214.

남극 생태계 전체를 유지하고 있다고 해도 과언이 아니다. 이 크릴 생산량에 영향을 미치는 가장 중요한 요인은 남극의 해빙 면적인데, 북극과 마찬가지로 남극의 해빙 또한 최근 감소하고 있다.[3] 인간 활동으로 인한 기후변화가 그 원인이다. 남극 펭귄의 서식지가 변화하고 있는 것이다.

야생 생물의 서식지 감소 및 질 저하는 결국 인간 활동의 영향인 경우가 많고, 이를 해결해야 하는 것도 인간이다. 변화하는 환경에서 생물종이 멸종하는 데는 이유가 있으며, 멸종이 자연스러운 일이 아닌가 하고 생각할지도 모른다. 맞는 말이다. 지구상의 생물은 계속 변화했고 앞으로도 변화할 것이기 때문에 멸종된 생물종을 대체하여 다른 생물종이 번성할 기회일 수도 있다. 그러나 지금 그런 기회를 바라는 것은 순진한 태

[2] Bar-On et al., "The biomass distribution on Earth." *Proceedings of the National Academy of Sciences* 115.25 (2018), pp. 6506~6511.
[3] Parkinson, Claire L. "A 40-y record reveals gradual Antarctic sea ice increases followed by decreases at rates far exceeding the rates seen in the Arctic." *Proceedings of the National Academy of Sciences* 116.29 (2019), pp. 14414~14423.

도일지도 모른다. 멸종위기종뿐만 아니라 전체 생물종의 서식 공간이 줄어들고 있는 것이 지구가 처한 현실이기 때문이다. 대체될 생물이 서식할 공간 자체가 존재하지 않는다면, 미래의 지구에는 과연 어떤 종이 살아남을 수 있을까?

모든 생물종은 연결되어 있고 우리는 그것을 생태계라고 부른다. 하나의 종이 사라지는 것은 예측하지 못한 결과로 이어질 수 있다. 과거 미국 옐로우스톤 국립공원에서는 인간의 재미를 위한 사냥으로 늑대가 멸종했다. 포식자가 없는 환경에서 초식 동물이 지나치게 번성했고, 초식 동물의 먹이 식물이 일정 크기 이상 자라지 못해 공원이 황폐화되었다. 늑대가 생태계를 유지하는 '핵심종(keystone species)'이었던 셈이다. 우리 주변에서 사라지고 있는 멸종위기종들 또한 이 생태계를 유지하는 핵심종일지도 모른다. 멸종위기종과 그 서식지를 보호해야 하는 이유다.

정진우

새를 보기 위해서는
새가 사는 곳으로

나는 대학교에 들어가고부터 탐조 활동을 시작했다. 학부 전공으로 생물학과를 선택할 때만 하더라도 어떤 생물을 연구할지 결정하지 못했는데, 동아리 홍보 책자를 살펴보다 발견한 '야생조류연구회'라는 이름이 마치 운명처럼 뇌리에 박혔다. 입학식을 마치자마자 동아리방으로 향했다. 그렇게 새의 세상에 한 발자국 발을 담갔다.

새를 보는 것이 좋았다. 어느 곳을 가든 새는 있었고, 쌍안경과 조류 도감 하나만 들면 서울 도심지도 훌륭한 탐조지가 되었다. 부모님을 포함한 주변의 많은 사람들에게 새에 미쳤다는 핀잔도 자주 들었지만 새를 보러 다니는 것이 마냥 좋기만 했다. 새들의 서식지를 찾아가 관찰하고, 기록하는 일은 자유로웠고 행복감을 주었다.

새들도 종마다 서로 선호하는 장소가 있는데, 비슷한 물새인 흰목물떼새는 자갈밭을, 꼬마물떼새는 모래밭을 좋아한다. 깊은 물에는 비오리, 흰뺨오리 같은 잠수성 오리가 많고 얕은 물에는 청둥오리, 고방오리 같은 수면성 오리가 많다. 박새과인 박새, 쇠박새, 진박새는 한 장소에서 관찰될 수 있지만 그 안에서 선호하는 '생태적 지위(niche)'가 서로 다르다. 땅바닥에서부터 높이가 낮은 관목을 선호하는 박새, 비교적 높은 곳을 좋아하는 쇠박새와 진박새, 활엽수림에 많은 박새와 침엽수림에 많은 쇠박새와 진박새 등 위치에 따라 나타나는 새들이 달라진다. 이러한 차이가 바로 각각의 종이 적응해 온 서식지의 일부다.

그러던 어느 날 탐조를 하는 것이 새들의 공간을 침범하는 행위일 수도 있음을 깨달았다. 종에 따라 사람에 반응하는 거리가 달라서, 의도하지 않게 새들을 그들의 서식 공간에서 쫓아낸 경험도 많았다. 좋아서 시작한 취미가 새들에게는 피해를 줄 수도 있음을 알게 된 것이다. 새의 공간을 침범하지 않기 위해서는 그들의 공간 이용에 대해 관심을 가져야만 했다.

정진우

서울,
수많은 새들이 오가는 곳

주말이면 산으로 물가로 새를 찾아 나섰지만, 정작 가장 많이 새를 관찰한 곳은 서울 도심 한가운데의 학교 뒷산이었다. 시골[4]에는 산과 하천, 농경지 등 다양한 환경이 존재하고, 환경에 따라 서로 다른 종들이 분포하기 때문에 도심에 비해 일반적으로 종 다양도가 높다.[5] 그렇지만 내 경험으로 보자면 서울 도심에서는 시골에 비해 투자하는 시간 대비 관찰할 수 있는 새의 수가 훨씬 많았다.

새들은 이동성이 큰 동물이다. 종에 따라 거리의 차이는 있어도 모든 새가 계절에 따라 이동한다. 전 세계에는 대륙을 따라 여덟 개의 철새이동로가 있는데, 그중 호주에서 시작해 러시아~알래스카로 이어지는 이동로를 '동아시아~대양주 철새이동로'라 부른다. 이

[4] 도심(urban)과 반대의 의미로 시골(rural area)이라고 칭하겠다.
[5] Jin, Seon-Deok et al., "Comparison of Bird Community in Urban and Non-Urban Area at Young-San River." *Journal of Korean Nature* Vol 4(3)(2011), pp. 197~204.

이동로의 한가운데 위치한 한국은 수많은 새들의 중간 기착지이다. 새들은 이동할 때 엄청난 에너지가 필요하고, 한 번 이동에 몸무게의 절반 이상이 줄어들기도 한다. 물과 먹이가 있는 쉼터가 반드시 필요한데, 한국 갯벌은 많은 물새들에게 중요한 먹이 공급처다. 산림성 조류 중 한반도 서쪽 내륙을 통해 이동하는 많은 새들은 서쪽 중심부인 서울 도심을 관통할 수밖에 없다. 겨울이 되면 북쪽에서 번식한 철새들이 날아오고,(겨울철새) 여름에는 남쪽에서 겨울을 보낸 새들이 번식을 위해 돌아온다.(여름철새) 그 사이사이에는 통과철새(또는 나그네새)라고 부르는 새들이 봄과 가을에 우리나라를 통과해 북쪽과 남쪽 서식지로 이동하는데, 그 규모가 엄청나다. 심지어 일 년 내내 우리 주변에서 관찰되는 참새, 박새와 같은 조류들도 계절과 날씨에 따라서 이동을 한다.

하지만 서울로 들어온 새들에게 휴식처는 한정적이다. 도심에 얼마 남지 않은 녹지 섬으로 모여들게 된다. 이러한 이유로 녹지는 다양한 환경을 가진 시골보다 오히려 새들의 서식 밀도가 높다.[6] 도심의 새들은 좁은 장소에서 최소한의 간격을 유지하며 번식하고,

사람과 접촉하는 시간이 많아 사람의 접근에 덜 민감하다.[7] 특별한 새를 보기 위해서는 그 새가 선호하는 장소를 찾아가는 것이 빠르지만, 큰 노력을 들이지 않고 다양한 새를 보려면 서울 도심 내 공원이 시간 대비 효율이 훨씬 좋다.

서울시 동대문구에 위치한 내 모교의 뒷산에서 새들의 이동 시기인 봄과 가을에는 울새, 유리딱새, 솔딱새류를 자주 만날 수 있었고, 여름에는 흰눈썹황금새, 흰배지빠귀, 흰배멧새 같은 새들을 관찰했다. 겨울에는 나무발발이, 황여새, 홍여새, 밀화부리와 같은 새들을 볼 수 있었다. 한국에서 1970년대 이후 관찰되지 않았던 붉은배오색딱따구리가 30여 년만에 나타나기도 했다. 산림이 넓은 곳으로 통과했더라면 관찰하기 어려웠을 새들이 도심 속 좁은 녹지 섬에 모여든 탓에 쉽

[6] Møller, Anders Pape et al., "High Urban Population Density of Birds Reflects Their Timing of Urbanization." *Oecologia* 170(3)(2012), pp. 867~875. doi: 10.1007/s00442-012-2355-3.

[7] Samia, Diogo S. M., et al., "Rural-Urban Differences in Escape Behavior of European Birds across a Latitudinal Gradient." *Frontiers in Ecology and Evolution* 5(2017), p. 66.

게 관찰할 수 있었다. 서울을 지나는 새에게는 그나마 먹이를 구할 수 있는 곳이었을 것이다. 탐조하는 나에게는 좋은 일이었지만, 과연 이 새들 입장에서도 도심 속 녹지가 서식지로서 좋은 조건의 공간이었을까?

새들에게도 서식지로서 더 가치 있는 공간이 있다. 산새에게는 다양한 수목이 분포하는 넓은 산림이, 물새에게는 먹이가 풍부하고 쉴 수 있는 곳이 많은 수변이 필요하다. 하지만 이러한 환경은 신도시처럼 몇 년 만에 만들 수 있는 것이 아니다. 자연은 최소 수십 년에 걸쳐 조금씩 변화하는 천이(遷移) 과정을 거쳐 가치 있는 서식지로 변화하고, 생물의 다양성이 증가하게 된다. 이렇게 오랜 시간에 걸쳐 형성된 서식지가 사라지면, 새들도 한순간 사라진다. 인위적으로 녹지와 하천을 조성할 수는 있지만 사라진 새들이 돌아오기까지는 긴 시간이 걸린다. 게다가 인간이 만든 공간은 이전 자연 형태와는 전혀 다를 확률이 높다. 이동하기 위해 또는 생존하기 위해 찾아오더라도 새들에게는 불완전한 공간이 되는 것이다.

　　　　　　정진우

모든 땅은 야생생물의 서식지로 비교 가능한 가치가 있다

한국은 1996년 황새를 시작으로 생물종 복원을 시작했다. 이후 반달가슴곰, 산양, 따오기 등의 개체 복원을 했고 일부 종은 야생으로 방사되어 적응 과정에 있다. 멸종위기종이 증가하는 이유는 결국 환경 변화이고, 단순히 개체수의 확보가 종의 복원 성공은 아닐 것이다. 적절한 서식지가 확보되어야만 자연으로 돌아간 종들이 잘 살아갈 수 있다. 2018년 환경부는 「멸종위기 야생생물 보전 종합계획」을 발표하여 개체 증식 위주의 복원 정책을 서식지 보전 중심으로 전환한다고 밝혔다. 국내의 서식지에 대한 연구는 아직 시작 단계라고 할 수 있다.

생물의 서식지를 보전하고 복원하기 위해서는 현재 상태 또는 이상적인 서식지에 대한 평가가 필요하다. 산림청에서 산림건강성평가를 하고 있지만, 특정 생물종의 서식지를 평가하기에는 한계가 있다. 수십 년 된 활엽수림이 까막딱따구리의 서식지로는 높은 점수를 받을 수 있을지 몰라도, 민가 주변에서 주로 서식하는 참새의 서식지로는 적합하지 않을 수 있기 때문이다. 미국에서는 1990년대부터 HEP(Habitat Evaluation Procedure, 서식지 평가 방법)가 서식지를 평가하는 표준 접근 방식으로 적용되었는데, 이는 특정 생물종 서식지의 환경 조건을 변화시키는 조치를 취하거나 관리 활동의 영향을 평가하기 위한 목적으로 개발되었다. 절대평가 개념이 아니라 상대적으로 어느 서식지가 특정 생물종의 서식에 더 나은지를 비교하는 방법이다. HEP의 개발은 "모든 토지는 야생생물의 서식지로서 일정한 가치를 지니고 있으며, 그 가치는 하나의 수치로 표시하는 게 가능하다."라는 가설[8]에서 시작되었다.[9]

특정 생물종의 HEP를 수치로 비교하면, 개발과 같은 인위적인 환경 변화에 상대적으로 더 적절하게

[8] Daniel, Clarence, and Robert Lamaire. "Evaluating effects of water resource developments on wildlife habitat." *Wildlife Society Bulletin*(1974), pp. 114~118.
[9] Schamberger, Melvin L., and Herman E. Kumpf. "Wetlands and wildlife values: A practical field approach to quantifying habitat values." *Estuarine Perspectives*.(Academic Press, 1980), pp. 37~46.

대응하기 위한 정보를 제공할 수 있다. HEP로 종의 서식지를 수치화해서 서식지 적합성 지수(HSI, Habitat Suitability Index)를 산출하고, 그 지수를 활용해서 HSI 모델을 구축하면 각 종에 적절한 환경을 찾아내거나 훼손된 서식지를 복원하는 데 가이드라인으로 활용할 수 있다. 완벽한 지수를 만들 수는 없지만, 현재 가지고 있는 정보 내에서 상대적으로 더 나은 서식지를 선택하기 위한 방안으로 이용할 수 있는 셈이다. 이런 수치조차 없다면 생물종의 서식지에 대한 평가는 주관적일 수밖에 없기 때문이다. 국내 일부 멸종위기종의 HSI 개발 논문들이 발표되고, 기존에 관찰된 지점의 좌표를 활용하여 서식 특성을 분석하는 종분포모형이 활용되고 있다. HSI를 활용하여 생물종의 서식지를 복원한 사례는 후속 연구를 기다려야 한다. 결국 멸종위기종복원센터 서식지보전연구팀에서는 서식지를 평가하는 여러 방안을 시도하고 있다. 가장 기초적으로는 기존에 확인된 멸종위기종의 위치 좌표를 다양한 환경 주제도(토지피복, 임상도, 기후자료 등)에 대입하여 각 종별 환경 특성을 분석하고, 더 나아가 비슷한 잠재 서식지를 찾는 방법이 있다. 간편하게 유사한 서식지를 찾아내는 유용한 방법이지만, 기존 서식 좌표의 부정확성, 환경주제도의 한계 등 여러 불완전 요소가 있어 신중히 접근해야 한다. 특정 멸종위기종의 서식 환경을 직접 찾아가 찾아낸 변수들을 활용하여 HSI를 개발하는 연구도 수행하고 있다. 가능한 한 많은 생태 연구 자료가 있어야 HSI의 정확도가 높아질 수 있지만, 안타깝게도 대부분의 멸종위기종에 대한 생태 연구는 아직 미미한 수준이다. 외국에서 적용 중인 서식지평가 기법들을 도입하여 국내 적용하는 방안도 고민하고 있다.

요즘 집값이 상승한다는 기사가 연일 쏟아져 나온다. 지하철역, 학교, 쇼핑몰 등 주거 조건이 잘 갖춰진 부동산의 값은 끝 모르고 높아진다. 한정적인 공간에서 인간에게 가치 있는 땅이 증가할수록 새의 땅, 녹지는 줄어들 수밖에 없다. 녹지는 산소 배출, 도심 온도 감소 등 기능적 측면과 인간의 스트레스를 감소시키는 심리적 측면 등의 이점이 있지만, 공간의 가치는 대체로 인간의 서식지인 부동산으로만 평가된다. 곳곳에 공사로 시끄러운 도심 내 공원에서 관찰되는 많은 이동 조류들은 저마다 선호하는 자리에서 휴식을 취하다 떠난다. 종의 서식에 완벽한 장소는 아닐지라도, 생존

정진우

을 위해서는 필요한 공간이다. 그러한 자리조차 남아 있지 않다면 이동 중 지친 새들은 번식지 또는 월동지에 도달하지도 못하고 죽게 될 것이다. 멸종위기종이 아니더라도 생물종 서식지의 평가가 필요하고, 다양한 환경 조성이 필요한 이유다.

한국은 현재 267종의 멸종위기종이 지정되어 있고, 새는 그중 63종이다. 법적으로 환경부는 멸종위기종의 서식지에 대한 보호조치를 마련해야 한다. 지극히 개인적인 이유를 덧붙이자면, 개발 사업이 확대되는 이 시대에 멸종위기종이라는 방패를 앞세워서 조금이나마 내가 좋아하는 새들의 서식지를 보존할 수 있다면 그것만으로도 만족이다. 아직은 갈 길이 멀다.

이름 없는 동물의 보호소

이소영

이소영　　사회학 석사 논문으로 한국의 동물보호운동에 대해 썼다. 동물보호 시민단체에서 활동가로 일했고, 국회의원실에서 동물 정책 업무를 담당했다. 현재는 한 지방자치단체에서 동물보호업무 담당자로 일하고 있다.『동물에 대한 인간의 예의: 동물을 좋아하는 마음을 넘어 우리에게 필요한 것』을 썼다.

[주요어] #반려동물 #동물보호법 #유기동물보호소
[분류] 사회학 > 행정학

"유기동물 보호소 업무를 점검하는
담당자가 된 후, 나는 한 번도
보호소의 동물들을 이름으로 부른 적이 없다.
이름을 알지도 못하거니와
새로운 이름을 지어 불러 줄 만큼
거리가 가깝지도 않았으며 그러기엔
혼자 해내야 하는 일이 너무 많았다."

누군가에게 '이름'을 붙여 준다는 것은 관계를 맺는 행위다. 이름은 그를 다른 존재와 구별하는 사회적 증거이기도 하다. 인류학자 김현경은 "어떠한 개체가 사람이 되기 위해서는 사회가 그의 이름을 불러 주어야 한다."라고 말한다. '인간'이 고유한 특성으로 주어진 자연적 사실의 문제라면, '사람'이 되는 것은 일종의 자격이며 사회 안에 그의 '자리'가 있다는 것을 의미한다.[1]

이름은 인간에게만 사용하지 않는다. 인간동물학을 연구하는 마고 드멜로(Margo DeMello)는 인간의 주거 공간에 사는 애완동물(pet)을 설명하며 그들이 '이

[1] 김현경, 『사람, 장소, 환대』(문학과지성사, 2015), 31쪽.

름'을 가진다는 점에 주목한다. 동물에게 이름을 지어 부르는 것은 그들을 '인간 사회'에 편입시키는 것이고, 마치 친구나 가족처럼 대한다는 것을 뜻한다. 동물을 지칭하거나 언급할 때 이름을 사용하면서 사람과 동물의 상호 작용, 감정적인 애착이 가능해진다. 무엇보다 동물에게 그만의 이름을 붙여 주는 것은 그가 가진 이력과 특성을 명확하게 한다.[2]

이름 없는 아이들이 머무는 곳

그곳에는 이름이 없다. 지방자치단체에서 운영하는 유기동물 위탁 보호소에서는 두세 자리의 수가 한 생명의 이름을 대신한다. 한 달에 한 번, 몇 마리의 동물이 위탁 보호소에 입소했는지, 그들이 언제 어느 장소에서 버려졌는지, 신고인은 누구인지 등을 기록한 서류가 시청에 도착한다. 한 손으로 잡기 어려울 만큼의 종이가 매달 새롭게 쌓인다. 이를 '개체 관리 카드'라고 부른다. 지자체의 담당자는 입소 동물에 대한 기본 정

[2] 마고 드멜로, 천명선·조중헌 옮김, 『동물은 인간에게 무엇인가』(공존, 2018), 202쪽.

보가 담긴 개체 관리 카드를 꼼꼼히 검토하고 위탁업체에 보조금을 지급한다. 한 마리당 최대 15만 원이다.

유기동물로 발견된 동물들이 보호소에 들어오면 관리자는 그들의 얼굴과 신체 특징이 잘 드러나게 사진을 찍는다. 여러 이유가 있다. 혹시라도 잃어버린 동물을 찾고 있을 보호자에게 알릴 수 있도록 동물 보호 관리 시스템에 공고를 올리고, 개체 관리 카드에 기록한다. 또한 마리당 책정된 사업비가 중복 지급되는 것을 방지하기 위해서다.

입소 시 찍힌 동물들의 사진은 저마다 다른 사연을 담고 있다. 작은 얼굴에서 읽을 수 있는 표정은 그들이 서로 다른 곳에서 이곳까지 온 여정을 어림짐작하게 하지만, 보호소에 입소하고서부터 그들은 모두 '이름이 사라진 존재'들이 된다. 어디에서, 어떤 사람들과 얼마나 오랜 시간을 살았건 751번이나 800번이나 '버려진 아이들'이라는 사실은 다르지 않다. 모든 유기동물은 이름이 있는 동물이었다. 그리고 이들이 지금 어떤 환경에 있더라도, 모두 누군가의 가족이자 친구, 혹은 아이였다는 사실은 영원히 변하지 않는다.

버려진 동물은 어디로 갈까

우리나라에서 가족으로부터 버려진 동물들이 가는 곳은 대체로 다음의 넷 중 하나다.

우선 비교적 운이 좋은 동물들은 재정적으로 여유 있는 민간 동물보호단체의 보호소에 입소한다. 새 가족에게 입양을 가지 못한다는 이유만으로 안락사를 시키지 않고, 주어진 생이 다하는 순간까지 적절한 치료를 받으며 쾌적한 환경에서 생활할 수 있는 곳이 많다. 특히 선진형 동물보호소를 표방하는 민간 단체의 돌봄은 그저 생존에 머무르지 않고 동물들의 습성과 행동을 고려한 관리가 가능하다는 점에서 다른 보호소 생활과 질적으로 다르다. 예를 들어 동물자유연대의 온센터와 카라의 더봄센터가 각각 약 300여 마리의 동물들을 이와 같은 방식으로 돌보고 있다. 그러나 2019년 기준 한 해에 13만 5000여 마리의 동물이 버려졌다는 사실[3]을 떠올려 보면 첫 번째 도착지가 가지고 있는 규모의 한계는 분명하다.

[3] 농림축산식품부, 「2019년 반려동물 보호·복지 실태조사 결과」 보도자료(2020).

두 번째로는 지자체에서 운영하는 직영 또는 위탁 동물보호소다. 직영 보호소는 말 그대로 시군구에서 직접 운영하여 동물들을 관리하는 형태이고, 위탁 보호소는 시설을 갖춘 민간단체나 동물병원 등에 동물 구조와 관련한 업무를 위탁하여 보조금을 지원해 주는 것을 말한다. 지자체에 동물보호 전담 부서가 있거나 직영으로 보호소를 운영할 경우 위탁 보호소에 비해 체계적인 관리가 이루어진다. 그러나 2019년 말 기준으로 전국 동물보호센터 284개소 중 지자체 직영은 단 39개소뿐이다.[4] 또한 한 동물보호단체가 전국 222개 지자체에 정보 공개 청구를 하여 분석한 전국 지자체 유기동물 보호소 현황에 따르면 2018년 기준으로 동물에 대한 치료비 예산을 확인할 수 있었던 지자체는 31곳뿐이다. 치료비 예산이 없으면 당연히 적절한 치료가 이루어질 수 없다. 기껏 구조된 동물들이 고통 속에 방치되다 자연사 혹은 고통사하게 되는 것이다. 이들 보호소의 총 예산 약 31억 7600만 원 중 치료비로 사용되는 예산은 오직 약 5억 4100만 원 정도다. 다시

[4] 앞의 자료.

말해 평균적으로 한 보호소당 1년에 약 1700만 원의 돈이 응급 치료와 검사 비용 등으로 사용된다고 볼 수 있다.[5] 해당 자료는 정확한 집행액과는 다소 차이가 날 수 있으나, 내가 일하는 시의 위탁 보호소에서도 마리당 15만 원의 보호, 관리 비용 중 1만 8000원만이 치료비로 사용되고 있다. 응급 치료는 고사하고, 기본적인 건강을 유지하기에도 턱없이 부족한 금액이다.

다음은 오직 개인의 힘으로 운영하는 사설 보호소가 있다. 대부분의 사설 보호소는 '보호소'라는 명칭이 무색할 만큼 열악한 환경에서 적게는 수십 마리, 많게는 수백 마리의 동물을 보호하고 있다. 사설 보호소의 시설이나 운영 방식을 관리할 수 있는 법적 근거가 없는 현재로선 사설 보호소와 애니멀 호더[6]는 언제나 뚜렷하지 않은 경계선에 서 있다.[7] 농림축산식품

[5] 동물자유연대, 『유기동물의 인도적 보호·관리를 위한 대책 토론회 자료집』(2019).
[6] 애니멀 호더(aniaml hoarder)란 개인이 감당할 수 없는 수의 동물을 무리하게 키우며 열악한 환경에 방치하는 사람을 일컫는다.
[7] 농림축산식품부가 한 동물병원에 연구를 의뢰하여 발표한 「사설동물 보호소 실태 조사 및 관리 방안 마련 연구」에 따르면 "애니멀 호더, 동물 생산업자, 사설 동물보호소는 반려동물 판매 여부, 입양 의지, 설립 시 법적 허가 필요, 중성화율을 통해 그 특징을 비교할 수 있다."라고 설명

부는 2022년까지 신고제를 도입하여 사설 보호소를 제도권 내에서 관리하겠다고 밝혔다.[8] 그러나 아직까지는 사설 보호소에서 생활하는 동물에게 먹고 자는 것 이외에 다른 보호 및 관리가 제대로 이루어지고 있는지 확인하기 어렵다.

　　마지막으로 버려진 동물이 갈 수 있는 최악의 도착지는 '식용'이나 '생산' 등을 목적으로 개인업자에게 재판매되는 곳이다. 동물의 판매는 법에서 정한 시설 기준을 갖춰 허가를 받아야 가능하지만, 현실적으로 개인 간 이루어지는 불법 거래까지 단속하기는 어려운 실정이다. 삶의 끝까지 경제적 가치에 따라 이용되는 동물들의 끝은 잔인하고 고통스러운 죽음일 것이다.

한다.
[8]　농림축산식품부. 「2020~2024년 동물복지 종합계획」 보도자료 (2020).

이름과 번호 사이,
활동가와 공무원의 경험 사이에서

동물보호단체에서 활동가로 일했을 때, 초반에는 단체에서 운영하는 보호소로 출근을 했다. 종일 허리 한 번 펴는 것도 어려울 만큼 고된 노동이었다. 개와 고양이 중 어느 동물을 맡게 되건 밤새 쌓인 배변 치우기로 하루 업무가 시작된다. 대여섯 마리씩 생활하는 방에 들어가면 말라 버린 오줌 냄새가 진동한다. 창문을 열어 환기를 시키고 나를 따라다니는 동물들을 조심스레 피해 가며 물기 있는 밀대를 천천히 움직인다.

300여 마리의 동물을 보호했던 그곳에서는, 같은 시점에 생활하는 단 한 마리의 동물도 이름이 겹치지 않았다. 너나없이 작명가가 된 활동가들은 끝없이 들어오는 동물들에게 이름을 붙여 주는 것도 '일'이라고 입을 모았다. 매일 새롭게 버려지는 동물이 입소하는 일상에서, 애니멀 호더나 강아지 공장으로부터 한꺼번에 수십 마리를 구조하는 사건이 일어나면 상황은 더욱 난감해진다. '호박이, 가지, 감자, 고구마.' 채소 이름을 몽땅 털어도 부족한 경우에는 연예인 이름을 빌

이소영

리기도 했다. 원래의 이름이 사라져 버린 동물들은 새로운 이름을 지어 준 활동가들과 유대를 쌓아 가며 낯선 생활에 익숙해진다. 보호소에서 생을 마감한 동물의 유골함에는 활동가가 지어 주었을 이름이 새겨진다. 원래부터 그의 이름이었던 것처럼 말이다.

지방자치단체 공무원으로서 유기동물 보호소 업무를 점검하는 담당자가 된 후, 나는 한 번도 보호소의 동물들을 이름으로 부른 적이 없다. 이름을 알지도 못하거니와 새로운 이름을 지어 불러 줄 만큼 거리가 가깝지도 않았으며 그러기엔 혼자 해내야 하는 일이 너무 많았다. 나의 업무 범위는 '반려동물'로 일컬어지는 개와 고양이 등의 동물로 한정되어 있는데, 이에는 유기동물 위탁 보호소 운영과 길고양이 중성화 사업(TNR), 그리고 길고양이 급식소 운영 등 예산이 있는 사업은 물론이고, 인가로 내려온 들개를 포획하기 위해 현장에 나가는 것까지 포함된다. 옆집 개가 짖는 소리에 생활이 불편하다는 시민들을 달래거나, 어느 집 동물의 배설물이 집 앞에 방치되어 있다는 분노의 외침을 받아 주는 것도, 반려견 목줄을 착용하지 않고 외출한 견주들에게 과태료를 부과하는 것도 나의 일이었다. 심지어 새끼 너구리가 공원을 배회하는 모습이나 다리 다친 비둘기를 목격한 시민들의 문의도 모두 나에게 전달되었다.

이렇게 광범위한 업무를 담당하며, 나에게 보호소의 동물들은 '감자'나 '호박이'가 아닌 450번이나 620번 같은 번호로 존재하게 되었다. '이번 달 안락사는 570번, 580번, 그리고 590번.' 자연사는 '555번, 576번, 그리고 600번.' 마리당 책정된 사체 처리 비용을 계산해 보고, 영수증을 확인하여 틀림없는 액수의 보조금을 지급하는 것이 공무원으로서 내가 해야 하는 일이었다.

수용소가 아닌 보호소가 되려면

대부분의 지자체가 운영하는 유기동물 보호소의 동물들은 온종일 철장 안에 갇혀 지낸다. 물론 「동물보호법」에서 명시하고 있는 보호소의 적합한 시설 규정이 있고 점검을 통해 법에서 정한 대로 운영되고 있는지 관리할 수 있는 체계가 마련되어 있다. 그러나 실제 입소 동물들은 볕 좋은 날 산책은 고사하고 입양을 가는 순간까지 땅을 밟는 일이 거의 없다. 그러니 보호소의 시설이 아무리 좋다 한들 이 상태로는 동물들에게 '시설 좋은 수용소'의 의미 이상이 될 수 없다.

동물보호단체에서 활동가로 일하는 동안 시민들로부터 유기동물 구조 요청을 받으면 우선 지자체에 구조를 요청할 것을 제안했다. 물론 민간 단체보다는 동물 구조나 보호에 세심한 대처가 이어지지 않을 수 있다. 그러나 국가가 「동물보호법」을 제정해 동물보호에 대한 책무를 명시한 이상, 시민들은 국가가 그에 따른 예산을 필요에 따라 적절히 사용하도록 함으로써 '행정기관의 동물보호 업무'가 우리 사회에 반드시 필요하다는 사실을 지속적으로 일깨울 필요가 있기 때문이다.[9] 그러나 지자체의 담당자가 되어 보니 실제로는 이러한 '버려진 동물들'만이 아니라 자신이 더는 돌볼 수 없어 '버리는 동물'이나 길에서 자생하는 길고양이에 대한 구조와 입소 요청을 하는 이들도 많다는 사실을 알게 되었다.

어떤 이들에게 '지자체 보호소'는 차가운 길보다는 나은 곳이고, 새로운 가족을 만날 수 있는 '기회의

---

[9] 이소영, 『동물에 대한 인간의 예의』(뜨인돌, 2020), 179쪽.

공간'으로 여겨지고 있다. 실제로 개인업자에게 팔리거나 험한 사고를 당하는 것보다는 훨씬 나은 도착지일 것이다. 그러나 보호소의 관리 수준과 입소 후에 일어나는 일에 대해 정확히 알지 못하거나 관심도 갖지 않은 채 동물의 구조와 입소를 요청하는 것은 또 다른 문제다.

「동물보호법」 제3조는 동물보호의 기본 원칙을 명시하여 '누구든지 동물을 사육·관리 또는 보호할 때 동물이 고통, 상해 및 질병으로부터 자유롭도록 할 것'을 규정하고 있고, 같은 법 제14조는 지자체장에게 유실·유기동물 및 피학대 동물 등을 구조하고 그들에 대해 적절한 치료, 보호 조치를 시행할 것을 강제하고 있다. 그러나 행정규칙상 「동물보호센터 운영지침」에는 '예산 범위 내'에서 '수의사의 판단에 따라' 선택적으로 동물에 대한 검진 및 치료를 실시하도록 명시되어 있다.[10] 다시 말해 현행법상 '지자체별 예산과 수의사의 판단에 따라' 보호소에 입소한 동물들에 대한 관리 수준이 천차만별일 수 있다. 우리 시의 위탁 보호소는 한

[10] 「동물보호센터 운영지침」, 제11조 제1항 제3호와 제14조 1항.

이소영

명의 수의사와 두 명의 관리자가 매월 평균 100여 마리의 동물을 돌보고 있다. 지자체마다 다르겠지만 위탁 운영하는 보호소라면 대개 사정이 비슷하다. 각 지역에서 풀뿌리로 활동하는 자원봉사자들의 도움을 받고 있기는 하나 동물 관리를 위한 전문 인력은 턱없이 부족하다. 질 좋은 보호가 이루어질 수 없는 구조다.

지금 내가 일하는 곳은 인구 100만에 가까운 도시의 지방자치단체로 다른 곳과 비교했을 때도 적지 않은 예산을 동물보호소 위탁 운영에 사용하고 있지만, 보호소에서는 가장 간단한 수준의 치료만 시행되고 있다. 수술이 시급한 동물은 지자체 예산이 아닌 자원봉사자들의 후원 모금으로 치료하는 경우가 많고, 도비나 국비로 치료비의 일부를 지원하는 사업이 있으나 그마저도 우선순위는 치료가 완료된 후 '입양'을 갈 수 있을 만한 동물들에게 주어진다. 자연스럽게 노령견이나 입양을 갈 확률이 낮은 동물들은 입소 후에도 치료를 받을 기회에서 밀려난다.

이름이 사라진 '아이'에게
보호소는 어떤 곳이 되어야 할까

대부분의 유기동물 보호소는 버려진 동물들이 '생과 사의 갈림길'에 서서 아주 희박한 가능성을 안고 죽을 때까지 작은 공간에 갇혀 살아야 할지도 모르는 곳이다. 운이 좋으면 괜찮은 입양자를 만나지만 운이 나쁘면 안락사나 '고통사'를 당할 수 있다. 애석하게도 그 운은 대개 예쁘고, 작고 어리며, 품종 있는 동물들에게 허락되는 경우가 많다. 최근 몇 년간 지자체 보호소마다 안락사 비율은 줄어들고 자연사 비율이 높아진 것은[11] 보호소의 상황이 나아지거나 생명을 존중하는 과정에서 나온 결과가 아니다. 적절한 치료를 받지 못하고 오랜 시간 방치된 동물들이 작은 철장 안에서 고통스럽게 생을 마감하는 것이다. 지금과 같은 보호소의 운영은 안락사를 부정적으로만 받아들이면서 고통사에 대해서는 아예 무감한 우리 사회의 인식과 그 궤를 같이한다.

[11] 동물자유연대, 『유기동물의 인도적 보호·관리를 위한 대책 토론회 자료집』(2019).

이소영

버려진 동물이 갈 수 있는 최악의 도착지를 면하는 정도로 운영되는 곳이 아닐 때, 유기동물 보호소는 비로소 동물을 제대로 '보호'할 수 있을 것이다. 보호소가 아프고 다친 동물들을 사람들의 시선과 불편한 마음으로부터 멀리 떨어뜨려 놓을 수 있도록 마련된 공간에 지나지 않는다면, 동물들이 살아가는 삶의 질은 고려하지 않은 채 절대적인 생존만을 목적으로 하는 공간이라면, 그렇게 '고통사'를 방치하는 공간에 머무르고 있다면 그곳은 보호소가 아니라 수용소에 지나지 않는다.

　　국가 재정으로 운영하는 동물보호소가 이름이 사라진 동물들에게 편안하고 쾌적하게 머물 수 있는 공간이 되었으면 한다. 몇 자리의 번호가 된 그들이 다시 누군가에게 이름으로 불리게 될 때까지 말이다.

최태규, 「동물원에서의 죽음」

케이티 버틀러, 전미영 옮김, 『죽음을 원할 자유』(명랑한지성, 2014).

EAZA Population Management Manual(https://www.eaza.net/assets/Uploads/Governing-documents/EAZA-Population-Management-Manual-V2.1-FINAL.pdf).

AZA Policy on Responsible Population Management(https://assets.speakcdn.com/assets/2332/aza_policy_on_responsible_population_management_1_12_2016.pdf).

Donald M. Broom, "A history of animal welfare science", Acta Biotheoretica 59(2011).

Tom Regan, The Case for Animal Rights(University of California Press, 1983).

Chloe Taylor et al., Jay Johnston and Fiona Probyn-Rapsey ed., Animal Death(Sydney University Press, 2013).

Michael Appleby et al., Animal Welfare(CABI, 2018).

김지혜,「플라스틱바다라는 자연」

D. J. Haraway, The Companion Species Manifesto: Dogs, People, and Significant Otherness(Chicago: Prickly Paradigm Press, 2003).

S. Alaimo, Bodily natures: Science, environment, and the material self(Bloomington: Indiana University Press, 2010).

C. Moore, Plastic Ocean: How a Sea Captain's Chance Discovery Launched a Determined Quest to Save the Oceans(New York: Avery Publishing Group, 2011).

D. J. Haraway, Staying with the trouble: Making kin in the Chthulucene(Durham: Duke University Press, 2016).

전의령,「"나만 없어, 반려동물"」

신주리,「"아낌없이 다 해 줄게"⋯⋯ 반려동물 산업 성장」,《KBS뉴스》 2020년 11월 4일 자. (https://news.kbs.co.kr/news/view.do?ncd=5040855)

전의령,「연민과 '고통-나눔': 동물복지 담론과 다종적 취약성에 관하여」(2019).

도나 해러웨이, 황희선 옮김,『해러웨이 선언문: 인간과 동물과 사이보그에 관한 전복적 사유』(책세상, 2019).

Rosalind Gill, "Mediated intimacy and postfeminism: a discourse analytic examination of sex and relationships advice in a woman's magazine." Discourse and Communication Vol. 3(2010).

김은주, 「고양이 앞에 선 철학자」

김은주, 「푸코-데리다 광기 논쟁을 통해 본 데카르트라는 사건」, 《철학》 제134집(2018).

한국천주교회의 성서위원회, 『주석 성경』.

피터 싱어, 김성한 옮김, 『동물 해방』(연암서가, 2012).

Jacques Derrida, "Cogito et histoire de la foile," Ecriture et Différence(Seuil, 1967).

Jacques Derrida, "'Il faut bien manger' ou le caculdu sujet. Entretien avec J.-L. Nancy", Cahiers Confrontation, 20, Après le sujet Qui vient(Hiver, 1989).

Jacques Derrida·Élisabeth Roudinesco, De quoi demain⋯ ⋯(Editions Fayard-Gallimard, 2001).

Jacques Derrida, L'animal que donc je suis(Galilée, 2006).

전윤정, 「낙태는 여성의 권리다」

울리히 벡·엘리자베스 벡 게른스하임, 강수영·권기돈·배은경 옮김, 『사랑은 지독한 그러나 너무나 정상적인 혼란』(새물결, 1999).

캐롤 페이트먼, 이충훈·유영근 옮김, 『남과 여, 은폐된 성적 계약』(이후, 2001).

배은경, 「현재의 저출산이 여성들 때문일까?: 저출산 담론의 여성주의적 전유를 위하여」, 《젠더와문화》 3-2(2010).

배은경, 『현대 한국의 인간재생산: 여성, 모성, 가족계획사업』(시간여행, 2012).

하정옥, 「낙태에 대한 형사처벌의 시대착오: 건강권-사회권-인권 실천의 국제적 합의를 중심으로」, 《의료와사회》 8(2017).

전윤정, 「성·재생산권으로서 낙태권리를 위하여」, 《페미니즘연구》 20-1(2020).

실비아 페데리치, 황성원·김민철 옮김, 『캘리번과 마녀: 여성, 신체 그리고 시초축적』(갈무리, 2011); Federici, Silvia, *Caliban*

and the Witch: Women, the Body, and Primitive
        Accumulation(New York: Autonomedia, 2004).

Roy, E. A., "New Zealand passes landmark law to
        dicriminalise abortion". *The Guardian* 18. Mar. 2020.
        https://www.theguardian.com/world/2020/mar/18/
        new-zealand-passes-landmark-law-decriminalise-
        abortion(검색: 2020년 12월 7일).

King, Margaret L., *Women of the Renaissance*(Translated
        from the Italian, The University of Cicago press,
        1991).

심경호, 「옛사람의 호랑이 생각」

심경호, 『김시습 평전』(돌베개, 2003).

일연, 김원중 옮김, 『삼국유사』(민음사, 2008).

페르낭 브로델, 김홍식 옮김, 『물질문명과 자본주의』(갈라파고스,
        2012).

동양고전연구회 옮김, 『맹자』(민음사, 2016).

원효 외, 안대회·이현일·이종묵·장유승·정민·이홍식 옮김, 『한국
        산문선 1~10』(민음사, 2020).

이상훈, 「어깨걸이극락조 그리는 법」

넷플릭스 다큐멘터리 「새들과 춤을(Dancing with the
        Birds)」(2019).

칼 폰 린네, 『자연의 체계(Systema Naturae)』(1758).

P.H. Davis, V.H. Heywood, Principles of Angiosperm
        Taxonomy(London: Oliver & Boyd. 1963).

M. D. Gottsegen, The Painter's Handbook 2nd edition(New
        York: Watson-Guptill. 2006).

윤병선, 「그 소는 뭘 먹고 자랐을까?」

윤병선, 『농업과 먹거리의 정치경제학』(울력, 2015).

이문영, 「살려고 오른 세상 꼭대기…… '지붕 위 그 소'는 어떻게
　　됐을까」, 《한겨레》 2020년 11월 14일 자.

농림축산식품부, 「농림축산식품 주요통계」(2020).

관세청 수출입무역통계(unipass.customs.go.kr/et).

윤병선, 『푸드 플랜, 농업과 먹거리 문제의 대안 모색』(울력, 2020).

한국농촌경제연구원, 식품수급표, 각년판.

한국바이오안전성정보센터, 「전 세계 GM작물 재배
　　현황」(KBCH브리핑: 2020-37)(2020).

USDA, Outlook for U.S. Agricultural Trade(AES-114),
　　November 23, 2020.

정진우, 「새들이 살 수 있는 곳」

정진우, 『착한 펭귄 사나운 펭귄 이상한 펭귄』(지식인하우스, 2020).

Daniel, Clarence, and Robert Lamaire, "Evaluating
　　eects of water resource developments on wildlife
　　habitat.", Wildlife Society Bulletin(1974).

Schamberger, Melvin L., and Herman E. Kumpf,
　　"Wetlands and wildlife values: A practical field
　　approach to quantifying habitat values.", Estuarine
　　Perspectives(Academic Press, 1980).

Jin, Seon-Deok et al., "Comparison of Bird Community
　　in Urban and Non-Urban Area at Young-San River.",
　　Journal of Korean Nature Vol 4(3)(2011).

Møller, Anders Pape et al., "High Urban Population
　　Density of Birds Reflects Their Timing of
　　Urbanization.", Oecologia 170(3)(2012).

Vihma, Timo, "Eects of Arctic Sea Ice Decline on Weather

and Climate: A Review.", Surveys in Geophysics
35(5)(2014).

Samia, Diogo S. M. et al., "Rural-Urban Differences
in Escape Behavior of European Birds across a
Latitudinal Gradient.", Frontiers in Ecology and
Evolution 5(2017).

Bar-On et al., "The biomass distribution on Earth.",
Proceedings of the National Academy of Sciences
115.25(2018).

Parkinson, Claire L., "A 40-y record reveals gradual
Antarctic sea ice increases followed by decreases
at rates far exceeding the rates seen in the Arctic.",
Proceedings of the National Academy of Sciences
116.29(2019).

이소영, 「이름 없는 동물의 보호소」

이혜원, 「사설동물보호소 실태 조사 및 관리 방안 마련 연구
최종보고서」(2019).

농림축산식품부, 「2019년 반려동물 보호·복지 실태조사 결과」
보도자료(2020).

농림축산식품부, 「2020~2024년 동물복지 종합계획」
보도자료(2020).

김현경, 『사람, 장소, 환대』(문학과지성사, 2015).

마고 드멜로, 천명선·조중헌 옮김, 『동물은 인간에게 무엇인가』(공존,
2018).

동물자유연대, 『유기동물의 인도적 보호·관리를 위한 대책 토론회
자료집』(2019).

이소영, 『동물에 대한 인간의 예의』(뜨인돌, 2020).

인문잡지 한편
4
동물

글
최태규, 김지혜, 전의령, 김은주, 윤병선,
전윤정, 심경호, 이상훈, 정진우, 이소영

편집
신새벽, 이한솔, 김세영, 조은

디자인
유진아

발행일
2021년 1월 8일

발행인
박근섭, 박상준

펴낸곳
(주)민음사

등록일 / 등록번호
2020년 5월 20일
강남, 사00118

주소
서울시 강남구 도산대로1길 62(신사동)
강남출판문화센터 5층(06027)

대표전화
02-515-2000

홈페이지
www.minumsa.com

값 10,000원

ISBN / ISSN
978-89-374-9143-6 04100
2733-5623